Stanley Killingback

Tulpen

EIN ILLUSTRIERTES HANDBUCH ZUR BESTIMMUNG UND ZUCHT

KÖNEMANN

This book was designed and produced by
Quintet Publishing Limited.
6 Blundell Street
London N7 9BH

Creative Director: Terry Jeavons
Designer: Nicky Chapman
Project Editors: David Barraclough,
Lindsay Porter
Editor: Lisa Cussans
Photographer: Cathy Wilkinson Barash
Illustrator: Vana Haggerty

Original title: Tulips

Bonner Str. 126, D–50968 Köln
Redaktion und Satz der deutschen Ausgabe:
Königsdorfer Verlagsbüro, Frechen
Übersetzung aus dem Englischen: Ulrike Bischoff, Schwalmtal
Druck und Bindung: Sing Cheong Printing Co. Ltd.
Printed in Hong Kong
ISBN 3–89508–436–0

BILDNACHWEIS:

Cathy Wilkinson Barash: S. 13; 16; 18; 20; 22ul; 22or; 24; 25; 26ol; 26ul; 27Ml; 27ul; 28; 30ur; 30ul; 31; 32; 34; 35ur; 35or; 36; 37l; 37Mr; 38; 39; 40; 41l; 44; 45; 46; 47; 48; 49; 50; 52; 53or; 53ur; 53ul; 56l; 58; 59; 60; 61; 62; 63; 64; 65r; 66; 68; 69; 70o; 71; 75ur; 76u; 84u; 85; 86ol; 89ul; 89or; 90o; 92; 93o; 94; 96; 97; 98l; 106; 107o; 113; 114; 115r; 116l; 119; 121; 123. John Killingback: S. 6; 56r; 72; 74; 75or; 78; 100; 101; 102; 103; 104or; 116r; 117; 118; 122. Stanley Killingback: S. 11; 14; 17; 19; 77; 80u; 84r; 98r; 110; 115l. Elvin McDonald: S. 12r; 22ur; 33; 83u; 88r; 90u; 91; 99; 108; 112. M. freundl. Gen. d. Niederländischen Informationszentrums für Blumenzwiebeln: S. 26r; 27ol; 27r; 30ol; 35ol; 37or; 37ur; 41r; 42; 53ol; 65l; 67; 70u; 75ol; 76o; 79ul; 80o; 81; 82r; 83o; 89ol; 93ur; 93ul; 107u. Ann Reilly/Photonats: S. 79r; 82l; 84o. Harry Smith Horticultural Photographic Collection: S. 54.

r = rechts; l = links; M = Mitte; o = oben; u = unten.

INHALT

EINLEITUNG

Dieses Buch hat sich zwei Ziele gesetzt: Zum einen werden wesentliche Aspekte der Tulpenzucht kurz angesprochen, zum anderen soll dem Gartenfreund geholfen werden, Farbe in den Garten zu bringen und Auge und Geist zu erfreuen. Vermutlich sind Tulpen verbreiteter und populärer als jede andere Blume, abgesehen von Rosen – eine Vorliebe, die nun bereits drei Jahrhunderte währt. Über Tulpen ist sehr viel geschrieben worden, doch ein Großteil der wirklich grundlegenden Bücher zu diesem Thema ist bereits vor 50 oder mehr Jahren entstanden; seitdem hat in der Tulpenzucht eine tiefgreifende Wandlung stattgefunden. Im vorliegenden Buch habe ich die Tulpensorten nach der in Kapitel 2 abgedruckten *Classified List* geordnet. Allerdings hat sich die Klassifizierung in kurzen Abständen geändert und wird dies wohl auch weiterhin tun.

Kein Blumenbuch kann auf dem allerneuesten Stand sein. Ich habe mir zwar immer Notizen zu den Tulpen gemacht, die ich gezüchtet habe, doch oft waren sie bald überholt. 1966 zog ich über 100 Blüten der frühen einfachen Tulpe »Bellona« als perfekten Hintergrund für die roten Darwinhybriden, vor allem »Oxford« – und in meinen Notizen steht, daß sie sich von den goldgelben Arten am besten für diesen Zweck eignet, da sie alljährlich am gleichen Tag blüht wie »Oxford«.

Doch schon zwei Jahre später ging ich zu »Golden Oxford« über, die farbgleich mit »Bellona«, aber größer, höher, anspruchsloser und bald auch billiger war.

Eine Auswahl von Tulpenkatalogen.

Viele Gärtner wählen ihre Blumenzwiebeln nach einem Farbfoto der Blüte aus, die sie erzielen möchten, wobei sie außer acht lassen, daß manche Tulpen bestimmte Bodenverhältnisse oder Standorte nicht mögen.

Ich züchte seit über 40 Jahren Tulpen und habe mittlerweile gut 350 000 Blüten von 760 verschiedenen Sorten herangezogen. Nach und nach hat sich bei mir die Liebe zur Tulpe zu einer solchen Besessenheit entwickelt, daß alles andere in meinem mittelgroßen Garten zweitrangig geworden ist. Ich bevorzuge Sorten, die in meinem Boden (einem schweren Lehm) gut gedeihen – ein Faktor, den jeder Tulpenzüchter berücksichtigen sollte.

Bei jeder Blume entwickelt man zwangsläufig seine persönlichen Vorlieben; und da meine sich in diesem Buch ohnehin zeigen werden, kann ich sie auch gleich zugeben: Ich züchte vorzugsweise ganz frühe Wildtulpenarten, einige mittlere und wenige späte Sorten. Der Hauptgrund liegt darin, daß die frühen Blüten den Winter verkürzen. Es ist mir immer wieder ein Vergnügen, zeitig im Frühjahr – oder in manchen Jahren schon im Vorfrühling – in den Garten zu gehen und die üppige Farbenpracht zu genießen. Ein anderer Grund ist, daß ich Blumen zur Gartendekoration züchte. Fast alle meine Tulpen werden jedes Jahr aus dem Boden genommen, so daß ich die entstehenden Lücken mit Sommerblumen schließen muß. Dazu bleibt kaum Zeit, wenn die späten Tulpen herausgenommen werden.

Durchgängig bezeichne ich in diesem Buch ausdauernde, wachstumsstarke und widerstandsfähige Sorten als »robust« und Arten, die zahlreiche Ersatzzwiebeln, Brutzwiebeln und Stolonen hervorbringen, als »kräftig«. In der nebenstehenden Übersicht findet sich die Erklärung der verwendeten Abkürzungen.

All den geduldigen Menschen, die meine Lieblingstulpensorten gezüchtet und eingeführt haben, möchte ich hier besonderen Dank aussprechen: der Royal Horticultural Society (RHS), London; der Koninklijke Algemeene Vereeniging voor Bloembollencultuur (KAVB), den Direktoren und Angestellten der Wisley and Kew Gardens sowie all jenen, die informativ und unterhaltend über Tulpen geschrieben haben, namentlich Sir Daniel Hall, Wilfred Blunt, Tom Lodewijk und Zinaida Botschantzeva.

Abschließend möchte ich die Hoffnung äußern, mit meinem Buch dazu beizutragen, daß viele Menschen sich die Freude erschließen mögen, die Tulpen und ihre Zucht mir in zahllosen Stunden bereitet haben.

Stanley Killingback

ABKÜRZUNGEN

FFC	First Class Certificate
AM	Award of Merit
HC	Highly Commended
H	Haarlem/Hillegom (ab 1971)
W	Wisley/RHS
TBV	Tulip breaking virus (Rembrandtvirus)
RHS	Royal Horticultural Society, London
KAVB	Koninklijke Algemeene Vereeniging voor Bloembollencultuur, Hillegom (Königliche Allgemeine Vereinigung für Blumenzwiebelzucht)

HERKUNFT

Die Geschichte der Gartentulpe beginnt im Jahr 1554, als die ersten Zwiebeln und Samen aus der Türkei nach Westeuropa gelangten. Der flämische Diplomat Ogier de Busbecq (1522–1592), Abgesandter des Kaisers am Hofe Sulaiman des Prächtigen, schickte Samen und Zwiebeln einer Pflanze nach Wien, die er »Tulipam« nannte. Sie duftete kaum, wurde aber wegen ihrer Schönheit und Farbenvielfalt bewundert. Kaum fünf Jahre später sah Conrad Gesner in den Wiener Gärten Tulpen. Zwei Jahre später fand man sie bereits in Augsburg, und im folgenden Jahr erhielt ein Kaufmann in Antwerpen eine Ladung Blumenzwiebeln aus Konstantinopel. Von Flandern gelangte die Tulpe nach Holland und von dort nach ganz Europa.

Ich muß betonen, daß die Tulpen, die 1554 aus der Türkei kamen, keine Wildblumen waren, sondern hochgezüchtete Exemplare, die den Kunden ohne Zweifel als Ergebnis von Versuchen, Sachkenntnis und Erfahrung erreichten. Die ersten Sämlinge dieser Zwiebeln umfaßten bereits alle Arten – frühe, späte, mittlere und die heute bekannte Farbpalette. Von einigen geringfügigen Form- und Größenunterschieden abgesehen, besitzen moderne Gartentulpen immer noch keine wesentlichen Merkmale, die bei den ursprünglich eingeführten nicht schon vorhanden waren. Alles deutet darauf hin, daß diese Tulpen seit Jahrhunderten gezüchtet wurden, allerdings gibt es keinerlei Beleg dafür, daß dies in der Türkei geschah. Es gab Vermutungen, daß die Tulpen ursprünglich aus den Ziergärten Bagdads im Irak stammten, wahrscheinlicher ist jedoch, daß sie aus Persien kamen, da der persische Name für Tulpe, »lale«, dem türkischen gleicht.

Eindeutig befand sich Busbecq im Irrtum, als er erklärte, bei den Türken hieße diese Blume »Tulipam«. Möglicherweise hörte er, wie sie Tulpen als »tülbent« (Turban) bezeichneten. Der persische Dichter Musharrifu'd-din Sa'di beschrieb 1258 in seinem Gedicht *Gulistan* einen Garten mit den Worten:

Das Rauschen eines kühlen Baches
Vogelgezwitscher, reife Früchte in Fülle,
Leuchtend vielfarbige Tulpen und duftende Rosen.

Der Ausdruck »vielfarbig« läßt vermuten, daß es sich entweder um verschiedene Tulpenarten oder um Gartentulpen handelte, die aus verschiedenfarbigen Arten gezüchtet waren. In jedem Fall dürften es gezüchtete Gartentulpen gewesen sein, da nur sie anfällig für den Tulpenvirus sind.

Bislang gibt es immer noch keinerlei Hinweis auf den Übergang von der Wildblume zur kultivierten Gartenpflanze. Jahrhundertelang haben Botaniker und Gärtner dieses Bindeglied gesucht, und lange hat man es in der *Tulipa gesneriana* gesehen, einem Sammelnamen, den Carl von Linné einer großen Zahl alter Kulturpflanzen gegeben hat.

In Persien wurden Tulpen in vielen Gedichten beschrieben, lange bevor es in der Türkei Belege für ihr Vorkomen gab. In Persien war sie das Symbol der vollkommenen Liebe, vor allem die rote Tulpe mit schwarzer Mitte.

ERSTE TULPEN IN ENGLAND

Um 1578 erreichten die ersten Tulpen England, und etwa vier Jahre später beschrieb der Engländer Richard Hakluyt (ein Vetter des Herausgebers der *Voyages*) verschiedene Blumen, Tulipa genannt, die damals ein Mann namens Carolus Clusius aus Österreich importierte.

In seinem Pflanzenbuch *Herball* (1597) berichtet Gerrard, daß sein »geliebter Freund und Meister James Garratt ... ein wißbegieriger Freund der Schlichtheit und sachkundiger Apotheker in London« seit 20 Jahren mit verschiedenen Tulpen in großer Artenvielfalt experimentiert habe.

1629 schrieb der Gartenbauexperte John Parkinson sein Buch *Paradisus*. Dort führt er 140 Sorten auf, die »inzwischen alle in unseren Gärten heimisch sind, wo sie uns mehr Freude und mehr Harmonie schenken als ihre natürlichen Artgenossen ... Doch in der Tat verdient diese Blume vor vielen anderen die echte Empfehlung und Anerkennung aller Liebhaber dieser Schönheiten, sowohl um ihres stattlichen Anblicks als auch um der bewundernswerten Farbenvielfalt willen, die sie täglich hervorbringt.«

Eine Zeitlang überstieg der Ruhm der Tulpe den der Rose und der Narzisse. John Tredescant, Gärtner Charles' I., züchtete in seinen Gärten 50 Sorten. Zwar finden Tulpen bei Shakespeare und Milton keine Erwähnung; bei Herrick kommen sie jedoch in »der Traurigkeit der Dinge um Sapphos Krankheit« vor.

Rubens und seine Frau in ihrem Garten in Antwerpen (Peter Paul Rubens, um 1632). *Das Gemälde entstand auf dem Höhepunkt der Tulpomanie; das rechteckige Beet jenseits des Holztors ist mit Tulpen bepflanzt.*

TULPOMANIE

Erst spät erreichte die Tulpe Frankreich, das von Konfessionskriegen geschüttelt wurde. Bis 1608 gibt es keinen Beleg dafür, daß dort Tulpen blühten. Doch schon bald sah man im Frühling keine modebewußte Frau ohne einen Strauß Tulpen im tiefen Ausschnitt ihres Kleides. Innerhalb weniger Jahre wechselten Tulpenzwiebeln zu phantastischen Summen den Besitzer.

Die Versessenheit, irrwitzige Summen für Tulpen auszugeben, breitete sich nordwärts über Flandern nach Holland aus, wo sie sich zur wahren Manie entwickelte.

Die »Tulpomanie« hatte mit der Tulpe als solcher nur wenig zu tun und trug gewiß nichts zu ihrer Weiterentwicklung bei. Es handelte sich lediglich um ein gigantisches Glücksspiel. Anlaß dazu gab die Tatsache, daß Tulpen, die von einem Virus befallen waren, manchmal herrlich bunte Blüten hervorbrachten. Die Anfänge der Tulpenzucht waren oft recht klein. Jeder, der ein paar Quadratmeter Garten besaß, konnte Zwiebeln züchten, und die Kosten für ein paar Zuchttulpen waren gering. Erzielte man eine schön »gebroken«, also gestreifte oder geflammte Tulpe, dann konnte man gewaltige Preise nehmen.

Zwischen 1634 und 1637 erreichte die »Tulpomanie« ihren Höhepunkt, ebbte allerdings erst um 1642 völlig ab. Schon vor dieser Zeit hatte die Begeisterung holländischer Liebhaber die Preise für seltene Zwiebeln in lächerliche Höhen getrieben. Die berühmteste der »gebroken« Tulpen war die »Semper Augustus« mit einer rot-weißen Blüte und spitz zulaufenden Blütenblättern. Manche »Semper-Augustus«-Zwiebeln wechselten 1623 für Tausende Gulden den Besitzer.

In dieser rauschhaften Zeit ging Tulpenzucht Hand in Hand mit Spekulation, an der sich neben Händlern Angehörige aller Schichten beteiligten. Anfangs war es für alle ein Gewinn und für niemanden ein Verlust.

In jeder holländischen Stadt entstand in einem ausgesuchten Wirtshaus ein Kollegium oder Club für den Tulpenhandel. Zwar war es illegal, Zwiebeln zum Verkauf anzubieten, doch wurde das bald durch grundlegende Übereinkünfte geregelt. Anfangs fanden die Verkäufe von Ende Juni, wenn die Zwiebeln alle aus dem Boden genommen waren, bis September statt, wenn man mit dem Pflanzen begann. Dann fand der Handel ganzjährig statt, auch wenn die Zwiebeln noch in der Erde waren. Und später zahlten Spekulanten oft große Summen für eine Zwiebel, die sie nie zu bekommen gedachten, während andere Zwiebeln verkauften, die sie weder besaßen noch lieferten. Häufig ging die Tulpe gar nicht von einer Hand zur anderen. Ein Käufer erwarb sie, verkaufte sie, und der nächste verkaufte sie weiter.

Während der Tulpensaison waren auf dieser Grundlage vermutlich mehr Tulpen im Handel, als in allen Gärten Hollands zu finden waren. Es war reine Spekulation, wie man sie üblicherweise im Börsenhandel findet; es war ein Handel mit etwas so wenig Faßbarem wie dem Wind, und mit der Zeit nannte man es auch den Windhandel. Viele stürzten sich tollkühn und ohne Sorge um ihre Zukunft hinein. Manche ruinierten ihr Leben und ihr Vermögen; andere machten ein Vermögen; doch am besten verdienten am Windhandel die Wirte, in deren Gasthäusern die Geschäfte gemacht wurden.

Am 3. Februar 1637 platzte die Seifenblase schließlich. Einige Händler, die in einem Gasthaus kauften und verkauften, beschlossen, die Marktpreise auf die Probe zu stellen. Der Preis für ein Pfund Tulpen fiel allmählich, und sie stellten fest, daß der Markt an Boden verloren hatte. Noch einige Jahre blieben die Preise in vielen Gegenden hoch, doch die Hauptspekulation war vorüber.

TENDER BEAUTY	
Klassifikation	Darwinhybride
Erstzüchtung	um 1951
Höhe	50 cm
Auszeichnungen	AM W 54

WILDTULPEN

Wie schon erwähnt, waren die ersten Tulpen, die nach Westeuropa kamen, kultivierte Gartentulpen. Später gelangten einige Wildtulpenarten in die Niederlande. In vielen Fällen liegt der wahre geographische Ursprung im dunkeln. Offenbar stammen die meisten aus einem Korridor nahe dem 40. Breitengrad nördlicher Breite. Bis heute gibt es sie von Armenien bis zum Tian-Shan-Gebirge, das China von der ehemaligen Sowjetunion trennt. Einige sind auch in der Türkei, im Irak und im Iran zu finden.

Von manchen dieser Arten hieß es später, sie kämen auch in Westeuropa wild vor. So hat man zum Beispiel *Tulipa australis* und *sylvestris* sowie *Tulipa oculus solis* wildwachsend in Italien, Südfrankreich und Savoyen gefunden. In ihren europäischen Habitaten sind diese Tulpen jedoch eher ungleichmäßig verteilt und wachsen im allgemeinen auf kultiviertem Boden. Das legt die Vermutung nahe, daß sie vom Menschen eingeführt wurden.

Eine weitere Überlegung gilt *Tulipa clusiana*, die früher als persische Tulpe eingestuft wurde. Heutzutage scheint sie in mehreren Gegenden Europas heimisch zu sein, vor allem in Spanien.

CLUSIANA	
Klassifizierung	Andere Wildtulpen
Höhe	25 cm

Allerdings bildet sie keine Samen aus, sondern vermehrt sich über Stolonen, also Ausläufer bzw. unterirdische Triebe. Es scheint fast sicher, daß sie vegetativ vermehrt wurde und sich seit ihrer Einführung 1606 durch den Menschen in Europa ausgebreitet hat.

Das aufgezeigte Spektrum berührt nur einige der zahlreichen Probleme, denen Botaniker und Gärtner sich gegenübersehen, wenn sie den Ursprung der Gartentulpe zurückverfolgen möchten. Bisher hat man keine Wildtulpen gefunden – nicht einmal, wenn sie miteinander gekreuzt wurden –, die die große Bandbreite der uns heute bekannten kultivierten Gartentulpen hervorgebracht hätten.

Keukenhof, Lisse, Niederlande.

VERBREITUNG DER TULPEN IN ALLER WELT

Im 18. Jahrhundert erfreute sich die Tulpe in England, den Niederlanden, Flandern und Nordfrankreich wachsender Beliebtheit. Niederländische und flämische Künstler liebten Tulpen. Ambrosius Bosschaerts Blumenvase im Fenster mit einem herrlichen Tulpenstrauß ist eines der erlesensten Blumenstilleben aller Zeiten.

Es erschienen zahlreiche wichtige Bücher. Parkinsons war eines der ersten. Ihm folgten Monstereuls *Le Floriste François* (1654), ein erschöpfendes Werk über Tulpenzucht; van Oostens *The Dutch Gardener* (1703) und das klassische Werk von Le Père d'Ardene *Traité des Tulipes* (1760). Van Oosten bezeichnet die Tulpe als Königin der Blumen und fordert, sie solle weithin Verbreitung finden, damit jeder sich an ihrer Schönheit erfreuen könne.

Auch die Dichter nahmen wieder Notiz von der Tulpe. Lord Byron und Omar Hayyam sprechen mit großer Sicherheit von der Wildtulpe, und Tennyson, Robert Browning, Elizabeth Barret und Rupert Brooke verweisen gewiß auf die Gartentulpe. Welcher literaturgeschichtlich Interessierte könnte Brookes nostalgischen Aufschrei 1912 aus Berlin vergessen:

Here tulips bloom as they are told
(Hier blühen Tulpen, wie sie sollen).

Unterdessen entwickelte sich nach 1703 in der Türkei etwas, das einer »Tulpomanie« recht nahe kam, obwohl es nie zu einem Finanzschwindel wie in Holland entartete.

Zu einer größeren Veränderung kam es in Flandern und in Städten Nordfrankreichs wie Lille, wo eine neuartige Breedertulpe gezüchet wurde, die große kelchförmige Blüten hatte, aber an der Basis wesentlich kantiger war. Die Züchter in Flandern und Lille waren äußerst kompetent und erzielten für ihre Zwiebeln die höchsten Preise. Gegen Ende des 19. Jahrhunderts waren bis auf eine alle flämischen Tulpensammlungen verschwunden. Lenglart war die einzige, die übrig blieb, und stand zum Verkauf, als ihr Besitzer sie aus Altersgründen aufgab. Der Züchter E. H. Krelage aus Haarlem erwarb die Lenglart-Sammlung, weil er in den einfarbigen Breedertulpen die Grundlage einer neuen Tulpenklasse sah. Es gelang ihm tatsächlich, eine neue Klasse zu züchten, die er Darwintulpen nannte. 1850 hatte Alexandre Dumas seinen berühmten Roman *La Tulipe Noire* veröffentlicht, der seine botanische Unkenntnis verriet. Zwei Jahre nach der Einführung der Darwintulpen präsentierte Krelage eine purpurschwarze Sorte, die er »La Tulipe Noire« nannte.

In den ersten Jahren unseres Jahrhunderts expandierte die Tulpenzwiebelproduktion in den Niederlanden und lockte viele Besucher an. 1949 entstand der Keukenhof bei Lisse. Dort sah man Zwiebeln während der Saison im Freiland und sogar außerhalb der Saison in Treibhäusern. Alljährlich strömen Menschenmengen zum Blumenkorso in der Tulpenregion bei Haarlem.

»Madame Lefeber« in Monticello, Virginia, USA.

TULPEN IN NORDAMERIKA

Tulpen haben in den Vereinigten Staaten sehr viele Liebhaber, was sich vielleicht auf den Einfluß niederländischer Siedler zurückführen läßt. Im ganzen Land gibt es zahlreiche Tulpenfeste, vor allem in Gegenden mit einem hohen Anteil niederländischer Einwanderer. Zu den besten gehören die in Holland (Michigan), Pella und Orange City (Iowa) und Albany (New York). Die wohl größte nordamerikanische Tulpenschau gibt es in der Hauptstadt Kanadas, Ottawa. Auch hier spielten Verbindungen zu den Niederlanden eine wichtige Rolle: Nachdem Königin Juliana im Ottawa Civic Hospital entbunden hatte, schickten die Niederländer jedes Jahr Tulpen nach Ottawa. Zudem findet Mitte Mai ein Frühlingsfest zur Feier der Tulpe statt.

NCC Gardens in Ottawa, Kanada.

Auch wenn viele Fragen zum Ursprung der Gartentulpe ungelöst bleiben, ist ihre Situation zu Beginn des letzten Jahrzehnts unseres Jahrhunderts vielversprechend. Ständig kommen neue Züchtungen hinzu, und alte werden gehegt und gepflegt: Die Tulpe sieht einer vielversprechenden Zukunft entgegen.

Dance

~

REGISTRIERUNG UND KLASSIFIZIERUNG

Rembertus Dodonaeus (1517–1585) teilte im 16. Jahrhundert Tulpen in frühe, mittlere und späte Sorten ein. Diese Einteilung gilt auch heute noch in der Klassifizierungsliste, die von der Koninklijke Algemeene Vereeniging vor Bloembollencultuur (KAVB) mit Unterstützung der Royal Horticultural Society (RHS) aufgestellt wird. Allerdings ist deutlich, daß Dodonaeus mit »mittleren« Sorten vorwiegend spätblühende Frühtulpen und frühblühende Spättulpen meinte. Im Laufe der folgenden Jahrhunderte unterschied man bei den frühen Tulpen einfache und gefüllte Sorten und bei den späten hauptsächlich englische und holländische Breedertulpen sowie die in Kapitel 6 aufgeführten Breedertulpen. Im weiteren Verlauf kamen noch die Papageientulpen und die Cottagetulpen hinzu, die ursprünglich in Bauerngärten zu finden waren. Den Cottagetulpen ordnete man später die meisten Tulpensorten zu.

Anfangs zählte man zu den frühen Tulpen alle, die im Themse-Tal vor dem 21. April blühten. Später vervollständigten die Duc-van-Tol-Tulpen den Bestand, die etwa 14 Tage früher blühten.

Vor etwa 100 Jahren erwarb E. H. Krelage aus Haarlem den gesamten Bestand einer Tulpensorte, die hauptsächlich in Flandern, teils aber auch in Lille gezüchtet wurde. Dieser Tulpe mit einer stärker becher- oder kelchförmigen Blüte gab er den Namen Darwintulpe. Jahrhundertlang hatten Tulpen als Blumen der Reichen gegolten, da die kostspieligen Breedertulpen den Markt beherrscht hatten. Um die Zeit, als die neuen Darwintulpen eingeführt wurden, kamen einfarbige Sorten in Mode, die zudem wesentlich billiger waren. Daher wuchs die Zahl der neuen Tulpensorten zu Beginn unseres Jahrhunderts enorm und mit ihr die Zahl der parallel verwendeten Namen. Manche Tulpensorten hatten bis zu sechs Namen, was sich als echtes Handelshindernis erwies. 1913 beschloß die RHS, ein britisch-niederländisches Komitee einzurichten, das die Benennung und Klassifizierung der Tulpen systematisieren und Synonyme beseitigen sollte.

Das Tulip Nomenclature Committee tagte erstmals 1914 unter dem Vorsitz von E. A. Bowles. Vizepräsident war E. H. Krelage, weitere Mitglieder waren J. de Graaff, T. Hoog, Jan Roes, P. R. Barr, C. W. Nedham, A. D. Hall, W. T. Ware, G. W. Leak, Rev. Joseph Jacob und der verstorbene R. W. Wallace. Für die Muster war C. C. Titchmarsh verantwortlich.

Das Komitee bestellte bei britischen und niederländischen Züchtern eine gewaltige Anzahl von Tulpenzwiebeln und zog 1915 in Wisley Tulpenmuster. Proben der Blüten gingen geschnitten an den Sitz der RHS und wurden dort vom Komitee geprüft und beurteilt. Leider hinderte der inzwischen ausgebrochene Krieg die niederländischen Züchter daran, sich weiter am Komitee zu beteiligen, doch sie prüften später die Empfehlungen in ihrer Heimat. 1917 veröffentlichte die RHS einen ausführlichen Bericht mit den Tulpennamen und den zu beseitigenden Synonymen und legte folgenden Klassifizierungsvorschlag vor:

Frühblühend Gruppe 1	1 Duc-van-Tol-Tulpen 2 Einfache frühe Tulpen 3 Gefüllte frühe Tulpen
Maiblühend Gruppe 2	4 Cottagetulpen 5 Holländische Floristentulpen 6 Englische Floristentulpen 7 Darwintulpen 8 Geflammte holländische Floristentulpen 9 Geflammte englische Floristentulpen 10 Rembrandt-Tulpen (geflammte Darwintulpen) 11 Geflammte Cottagetulpen 12 Papageientulpen 13 Gefüllte späte Tulpen
Gruppe 3	14 Wildtulpen

Tulpenbeet in Wisley Gardens.

In den folgenden zehn Jahren wurden zahlreiche Neuzüchtungen eingeführt, vorwiegend Darwintulpen, aber auch zwei neue Klassen. Mendeltulpen waren das Kreuzungsergebnis aus Duc-van-Tol- und Darwintulpen. Triumphtulpen entstanden aus einer Kreuzung von einfachen Frühblühern mit maiblühenden Tulpen. Mit diesen Neuzüchtungen tauchten wieder Synonyme und Namen auf, die mehr als eine Züchtung bezeichneten. So richtete die RHS 1923 erneut ein Tulip Nomenclature Committee ein, wiederum unter Vorsitz von E. A. Bowles. Diesmal kam es zu einer engen Zusammenarbeit zwischen der RHS und der KAVB, die ab 1929 Versuche in Haarlem durchführten.

Noch bevor diese beendet waren, beschloß die RHS 1929, eine vorläufige Klassifizierungsliste zu veröffentlichen, der 1930 eine vorläufige Ergänzungsliste folgte. In der Klassifizierung folgten beide dem Bericht von 1917.

1939 gab die RHS die erste vollständige Klassifizierungsliste heraus, die erstmals mittlere Sorten, einschließlich Mendel- und Triumphtulpen, als eigene Klasse aufführte. Die einzige sonstige Änderung gegenüber der früheren Liste bestand in der Umbenennung holländischer und britischer Floristentulpen in holländische und britische Breedertulpen. 1948 gab die RHS eine neue Liste heraus, diesmal in Zusammenarbeit mit der KAVB. Die Klassifizierung war unverändert, allerdings mit spezieller Kennzeichnung der lilienblütigen Cottagetulpen, die man in einer zukünftigen Liste separat klassifizieren wollte. Die dritte vollständige Klassifizierungsliste veröffentlichte die RHS ebenfalls in Zusammenarbeit mit der KAVB; sie war unverändert bis auf die Tatsache, daß sie Darwinhybriden als separate Klasse führte.

1955 fand der 14. International Horticultural Congress in Scheveningen statt, und das International Committee on Horticultural Nomenclature Registration erörterte ausführlich Funktion und Methode der Arbeitsweise internationaler Registrationsstellen. Die KAVB nahm die Einladung an, als internationale Registrationsstelle für Tulpen und einige andere winterharte Zwiebelgewächse zu fungieren. Seitdem werden alle Klassifizierungslisten von der KAVB herausgegeben.

Ein Beet mit Darwinhybriden

Die erste von ihr veröffentlichte Liste erschien 1958 und faßte die beiden Gruppen von Breedertulpen zu einer zusammen. Auch Züchtungen mit lilienförmigen Blüten und Darwinhybriden erhielten einen eigenen Platz. Die Untergruppen geflammter (»gebrokene«) Breeder- und Cottagetulpen erhielten den historischen Namen *Bizarren,* wenn sie auf gelbem Grund gestreift waren, und *Bijbloemen,* wenn sie auf weißem Grund gestreift waren. Die Hauptänderung bestand jedoch in der Erweiterung der Gruppe von Wildtulpenarten und ersten Kreuzungen zwischen Arten. Sie räumten spezielle Klassen für *Tulipa eichleri, fosteriana, greigii, kaufmanniana, marjolettii* und die Spielarten und Hybriden von *Tulipa batalinii* und *tubergeniana* ein. Alle weiteren Spezies erhielten einen Sonderplatz. All diese Änderungen wurden im Dezember 1956 in Haarlem angenommen.

Blumenzwiebelbeete in Sissinghurst, Kent.

Die 1963 herausgegebene Liste war unverändert, während man bei der Ausgabe von 1969 übereinkam, lediglich *Tulipa kaufmanniana*, *fosteriana* und *greigii* eine eigene Klassifizierung einzuräumen. Alle übrigen ordnete man den anderen Wildtulpen unter. Gleichzeitig gliederte man die Darwinhybriden den mittleren Tulpen ein und die Duc-van-Tol-Tulpen den einfachen Frühblühern, während die Breedertulpen bis auf einige wenige, die man ihrer Form nach zur Gruppe der Triumph- oder Darwin-Tulpen rechnete, den Cottagetulpen zugeordnet wurden. Und schließlich faßte man die Rembrandt-, Bizarr- und Bijbloemen-Tulpen gemeinsam unter die Gruppe der Rembrandt-Tulpen.

In dieser Ausgabe entschloß man sich zudem, die Namen aller Spielarten neben der Stammpflanze aufzunehmen und Synonyme bei Wildtulpen zu beseitigen. Die Ausgabe von 1976 behielt die Klassifizierung von 1969 bei.

1981 gab man die Mendeltulpen als eigene Gruppe auf, ordnete die frühblühenden Sorten den einfachen Frühblühern zu und die späteren den Triumphtulpen. Gleichzeitig vereinte man Darwin- und Cottagetulpen zu einer Gruppe, die nun »einfache späte Tulpen« heißt. Cottagetulpen mit grünen Streifen oder Tupfen und solche mit gefiederten Rändern gliederte man als zwei neue Gruppen unter der Bezeichnung »Gefranste Tulpen« und »Viridifloratulpen« aus. Die gleiche Klassifizierung fand auch in der Liste von 1987 Verwendung.

TULPENKLASSEN

Frühe Tulpen	1 Einfache frühe Tulpen
	2 Gefüllte frühe Tulpen
Mittlere Tulpen	3 Triumphtulpen
	4 Darwinhybriden
Späte Tulpen	5 Einfache späte Tulpen
	6 Lilienblütige Tulpen
	7 Gefranste Tulpen
	8 Viridifloratulpen
	9 Rembrandt-Tulpen
	10 Papageientulpen
	11 Gefüllte späte Tulpen (paeonienblütige)
Wildtulpen	12 Kaufmannianatulpen
	13 Fosterianatulpen
	14 Greigiitulpen
	15 Andere Wildtulpen

DANCE	
Klassifikation	Fosterianatulpe
Erstzüchtung	1952
Höhe	25 cm
Auszeichnungen	AM W 54

Dort heißt es, daß man die Klasse der Rembrandt-Tulpen auflösen wolle, da praktisch keine Tulpen mehr unter dieser Bezeichnung gezüchtet würden. Ich habe jedoch von der KAVB erfahren, daß die Klasse der Rembrandt-Tulpen nicht durch eine andere ersetzt werden soll, da sie nach wie vor historische Bedeutung hat.

Jeder, der neue Tulpenarten züchtet und ihre Registrierung wünscht, muß der KAVB einige Zwiebeln zusenden, die auf dem Versuchsgelände der Vereinigung geprüft werden. Antragsformulare sind erhältlich bei: Koninklijke Algemeene Vereeniging voor Bloemenbollencultuur (KAVB), Parklaan 5, Hillegom, Niederlande.

Ibis

~

FRÜHE TULPEN

EINFACHE UND GEFÜLLTE FRÜHBLÜHER

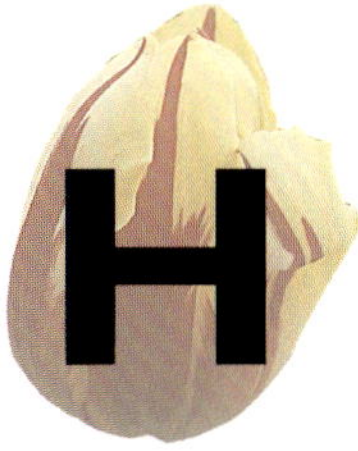

Heutzutage ist der Begriff »frühe Tulpen« eher traditionell als botanisch angemessen. Er geht zurück auf die Zeit, als die Tulpe nach Westeuropa kam. Dodonaeus erwähnt im 16. Jahrhundert frühblühende Tulpen, und seitdem hat es durchgängig eine Tulpengruppe gegeben, die als einfache Frühblüher bezeichnet wurde. Zu Beginn unseres Jahrhunderts wurden als frühblühend alle jene Tulpensorten eingestuft, die im Themsetal vor dem 21. April blühten. Heute blühen dort sogar die meisten mittleren Sorten bereits vor diesem Datum. Eine der spätesten einfachen frühen Tulpensorten, »Couleur Cardinal«, blüht praktisch zur gleichen Zeit wie frühe Cottagetulpen, von mittleren Sorten ganz zu schweigen. Viele einfache Frühblüher der gegenwärtigen Klassifizierung, die auf die Mendeltulpen als eigene Gruppe verzichtet, gehörten noch vor wenigen Jahren zu den mittleren Tulpen.

Von den 20 ersten Tulpen, die ich gezogen habe, waren zwölf einfache Frühblüher und eine ein gefüllter Frühblüher. Als die Darwinhybriden anfangs angeboten wurden, waren praktisch alle rot. Ich zog über 100 Zwiebeln des einfachen Frühblühers »Bellona«, weil sie so gut mit anderen Sorten harmonierten. Über mehrere Jahre stellte ich fest, daß sie exakt am selben Tag blühten wie »Oxford«, meine Lieblingssorte unter den Darwinhybriden in Rot. Dann tauchte »Golden Oxford« auf, und sofort hatte sich »Bellona« für mich überlebt. Die größere, höhere »Golden Oxford« hatte die gleiche Farbe und blühte am gleichen Tag wie »Bellona«. Zu den frühen Tulpen – einfachen wie gefüllten – gehört die überwiegende Mehrzahl der Sorten, die sich fürs Treibhaus eignen. Eine Liste findet sich in Kapitel 12.

EINFACHE FRÜHE TULPEN

In diese Gruppe gehören viele der ältesten Zuchttulpen. »Kaiserkrone« ist karminrot mit breiten, goldgelben Rändern, »Prinz Karneval« ist gelb mit roter Flammung. »Kaiserkrone« (»Kaizerskroon«) ist eine der ältesten Tulpen der Klassifizierungsliste und wird seit 1750 gezüchtet. Andere sehr alte Tulpen sind »Yellow Prince« (1785) und »Silver Standard« (1637). Viele andere dieser Varietäten wie die Treibhaustulpe »Brilliant Star« wurden in der zweiten Hälfte des 19. Jahrhunderts eingeführt. Die meisten einfachen Frühblüher werden 25 bis 40 cm hoch. Von einigen heißt es, sie dufteten, doch das scheint eine Übertreibung zu sein.

DUFTENDE TULPEN

Die unten aufgeführten Tulpensorten sollen stärker duften, wenn man sie als Schnittblumen ins Haus holt, aber »Golden Show« duftet überall.

»Bellona« (gold)
»Doctor Plesman« (orangerot)
»Ellen Willmott« (primelgelb)
»General de Wet« (orange)
»Peach Blossom« (rosa)
»Prinz von Österreich« (orangerot)
»Sylvestris« (gelb)

»Kaiserkrone« und »Prinz Karneval« sind nicht die einzigen guten zweifarbigen Tulpen. »Sunburst« ist gelb mit roter Tuschung, »Crown Imperial« rotbraun mit mattgelben Rändern und »Ibis« tiefrosa mit silbrigweißem Rand. Vielleicht noch schöner ist »Pink Beauty« mit weißer Mitte und schimmernd tiefrosa Rändern. Weitere schöne rosafarbene Arten sind »Proserpine« und »Pink Perfection«. In Scharlachrot leuchten »Cramoisi Brilliant«, »Charles« und »Doctor Plesman«. Ein schönes Weiß haben »White Hawk« und »Diana«, während »Joffre«, »Yokohama« und »Ursa Minor« ansprechende Gelbtöne aufweisen. »Christmas Marvel« ist kirschrot, »Christmas Gold« intensiv kanariengelb und »Merry Christmas« karmesinrot. In feurigem Orange prangt »General de Wet«, während »Princess Irene« ein sanftes Orange mit lachsfarbener und hellbrauner Fiederung aufweist. Drei weitere, neuere zweifarbige Tulpen verdienen hier Erwähnung: »Montparnasse« in gelb geflammtem Rot ist eine Spielart von »Bellona«; »Mickey Mouse« in rot geflammtem Gelb ist eine Spielart von »Winter Gold«; noch jünger ist »Flair« (1978) mit langer roter Flammung auf dottergelbem Grund und zinnoberroter Fiederung.

IBIS	
Klassifizierung	Einfache frühe Tulpe
Erstzüchtung	1910
Höhe	30 cm
Auszeichnungen	AM W 14

PRINZ KARNEVAL	
Klassifizierung	Einfache frühe Tulpe
Erstzüchtung	1930
Höhe	32,5 cm

KAISERKRONE	
Klassifizierung	Einfache frühe Tulpe
Erstzüchtung	1750
Höhe	35 cm

ROSA

TULPEN IN PINK-, ROSA- UND LACHSTÖNEN					
KLASSE	NAME	JAHR	FARBE	AUSZEICHNUNGEN	HÖHE
1	Apricot Beauty	1953	zartapricot		40 cm
1	Jenny	1980	zyklamrosa		40 cm
2	Peach Blossom	1890	zartrosa	AM H 13	25 cm
3	Billboard	1978	geflammt rosa		45 cm
3	Don Quichote	1952	purpurrosa		45 cm
3	New Design	1974	rosaweiß/apricot		45 cm
4	Big Chief	1959	krapprosa	AM H 60/ FCC W 69	65 cm
4	Pink Impression	1979	empirerosa		60 cm
5	Mirella	1953	lachsfarben	FCC H 61/ AM W 67	62,5 cm
5	Clara Butt	1889	bräunlichrosa	FCC W 05	60 cm
5	Queen of Bartigons	1944	lachsfarben	FCC H 61/ FCC W 53	60 cm
5	Rosy Wings	1944	pink	AM H 47	57,5 cm
6	Mariette	1942	samtrosa	FCC H 50/ AM W 68	57,5 cm
6	China Pink	1944	pink		50 cm
7	Burns	1968	phloxpink		50 cm
7	Belleflower	1970	bengalischrosa		50 cm
10	Fantasy	1910	lachspink	FCC H 22/ AM W 21	55 cm
11	Angelique	1959	blaßrosa		40 cm
11	Eros	1937	altrosa	AM H 37	55 cm
12	Jeantine	1952	karmesinrosa		20 cm
12	Heart's Delight	1952	rot/weiß/pink	HC W 66	20 cm
13	Spring Pearl	1955	zinnoberrosa		45 cm
13	Sylvia van Lennep	1965	dunkelrosa		45 cm
14	Toronto	1963	korallenrosa		30 cm
14	Roseanna	1952	pink/rot/weiß		40 cm
14	Perlina	1960	porzellanrosa		25 cm
15	*pulchella* Eastern Star	1975	magenta		10 cm

APRICOT BEAUTY	
Klassifizierung	Einfache frühe Tulpe
Erstzüchtung	1953
Höhe	40 cm

Die wichtigsten Vertreter der einfachen Frühblüher sind für mich solche, deren Farben sich bei keiner anderen frühen oder mittleren Tulpenart finden. Die beliebte »Van der Neer« ist eine herausragende ältere Tulpe; sie stammt aus dem Jahr 1860 und ist schimmernd purpurrot. Es gibt auch einige Tulpenarten, die bis vor einigen Jahren als Mendeltulpen klassifiziert wurden. Auffallend unter ihnen ist »Apricot Beauty« mit einem zarten Apricotrosa, einem Hauch von Rot und einer etwas intensiveren Färbung im Inneren; allerdings gehört sie nicht zu den kräftigsten Arten. Es gibt von ihr drei hervorragende Spielarten: »Bestseller« in einem leuchtenden Kupferrot, »Jenny« in einem tiefen Zyklamrot, das an den Rändern fast zu Weiß verblaßt, und »Beauty Queen« mit empirerosa Fiederung auf lachsfarbenem Grund und krebsroter Mittelrippe, innen scharlachrot mit grünlichgelber Basis. All diese Spielarten sind schön, aber wie ihre Mutterpflanze nicht sehr robust: Sie brauchen besondere Pflege.

DIANA	
Klassifizierung	Einfache frühe Tulpe
Erstzüchtung	1909
Höhe	27,5 cm
Auszeichnungen	AM H 14

PRINCESS IRENE	
Klassifizierung	Einfache frühe Tulpe
Erstzüchtung	1949
Höhe	32,5 cm

BESTSELLER	
Klassifikation	Einfache frühe Tulpe
Erstzüchtung	1959
Höhe	40 cm

GEFÜLLTE FRÜHE TULPEN

Diese Gruppe ist die umstrittenste. Viele Menschen lieben die gefüllten Frühtulpen; andere lehnen sie ab. Sir Daniel Hall, Leiter des John Innes Horticultural Institute, schrieb in seinem *Book of the Tulip* (1929): »Die Züchtung gefüllter Blüten ist immer ein zweifelhafter Segen, aber eine gefüllte Tulpe zu züchten heißt, die schönsten und entscheidenden Merkmale zu zerstören, die sie besitzen sollte. Zwar läßt sich argumentieren, die gefüllten Tulpen hielten länger, aber es ist kein Gewinn, wenn ein Alptraum zwei Nächte statt einer dauert.« Auch wenn ich für Sir Daniels Ansicht Verständnis habe, so hat er doch starke Vorbehalte gegen die gefüllten Spättulpen oder paeonienblütigen Tulpen, und diese Bedenken teile ich nicht: Manche der paeonienblütigen Tulpen sind attraktiv und wesentlich robuster als die gefüllten Frühblüher.

Schon 1665 werden gefüllte Tulpen erstmals erwähnt, doch erst zwei Jahrhunderte später stehen verwertbare Angaben über gefüllte Frühblüher zur Verfügung. Die beherrschende Verteterin dieser Gruppe ist »Murillo« mit ihren vielen Spielarten. »Murillo«, gezüchtet 1860, hat nicht weniger als 101 Spielarten in einer breiten Farbpalette hervorgebracht. Einige sollen früher blühen als das Original, doch mir sind davon im Handel keine begegnet. Einer der Reize ist vermutlich, daß man sehr viele Tulpen gleicher Form in einer breiten Farbpalette ziehen kann. Die Spielarten von »Murillo« weisen alle Schattierungen von Rosa, Rot, Gelb und Orange bis hin zum tiefen Violettpurpur von »David Teniers« auf. Sie werden durchweg etwa 25 cm hoch und blühen im Freiland Mitte April. Zu den verbreiteteren Sorten gehören »Peach Blossom« (leuchtend rosa), »Orange Nassau«, »Goya« (lachsrot und gelb), »William Kordes« (kadmiumorange), »Williamsoord« (karmesin und weiß), »Mr van der Hoef« (gelb), »Paul Crampel« (scharlachrot), »Electra« (kirschrot) und wie bereits erwähnt »David Teniers« (dunkelviolettpurpurn).

PEACH BLOSSOM	
Klassifizierung	Gefüllte frühe Tulpe
Erstzüchtung	1890
Höhe	25 cm
Auszeichnungen	AM H 13

SCHOONOOLD	
Klassifizierung	Gefüllte frühe Tulpe
Erstzüchtung	um 1906
Höhe	25 cm
Auszeichnungen	FCC H 09

ORANGE NASSAU	
Klassifizierung	Gefüllte frühe Tulpe
Erstzüchtung	1930
Höhe	25 cm

ELECTRA	
Klassifizierung	Gefüllte frühe Tulpe
Erstzüchtung	1905
Höhe	25 cm
Auszeichnungen	FCC H 12

MONTE CARLO	
Klassifizierung	Gefüllte frühe Tulpe
Erstzüchtung	1955
Höhe	40 cm

BABY DOLL	
Klassifizierung	Gefüllte frühe Tulpe
Erstzüchtung	1961
Höhe	20 cm

Läßt man die etwas umstrittene »Murillo« mit ihren Spielarten beiseite, dann ist die beste Sorte unter den gefüllten Frühblühern sicher »Scarlet Cardinal«. Sie hat eine leuchtend scharlachrote Blüte mit einem Hauch Orange und eine ähnliche Form wie »Murillo«, eignet sich jedoch für die Treiberei ab 10. Dezember. Eine weitere gute rotblühende Sorte ist »Stockholm«, während »Monte Carlo« schwefelgelb blüht. Zu den kleinsten dieser Gruppe gehört »Baby Doll« mit einer Höhe von nur 20 cm und dottergelber Blüte. Zwei etwas größere Sorten, die Ende April blühen, sind »Carlton« mit einem dunklen Puterrot und einer Höhe von 30 cm und »Hoangho« mit einem Reingelb, gutem Stengel und einer Höhe von 35 cm.

Ob man diese gefüllten Frühblüher mag, muß jeder für sich entscheiden. Empfehlenswert ist es, mit »Scarlet Cardinal« anzufangen, die meiner Ansicht nach die beste Sorte dieser Klasse ist.

SCARLET CARDINAL	
Klassifizierung	Gefüllte frühe Tulpe
Erstzüchtung	1914
Höhe	25 cm
Auszeichnungen	AM H 15

Ivory Floradale

MITTLERE TULPEN

Obwohl Dodonaeus (1517–1585) bereits mittlere Tulpen erwähnte, bildeten sie keine eigene Tulpengruppe, sondern umfaßten spätblühende Frühtulpen und frühblühende Spättulpen. Erst mit der Entwicklung der Mendel- und Triumphtulpen bildeten sich die mittleren Tulpen zwischen 1917 und 1927 als eigene Gruppe heraus. Mendeltulpen entstanden durch Kreuzung von Duc-van-Tol-Sorten mit Darwintulpen, während Triumphtulpen eine Kreuzung aus einfachen Frühblühern mit maiblühenden Tulpen waren. Als die erste Classified List 1929 erschien, waren die meisten neuen Sorten allerdings noch in Holland im Prüfstadium. Bis 1939 wurden die mittelfrühen Tulpen als solche nicht in der Classified List geführt. 1952 erhielten die Darwinhybriden eine eigene Klassifizierung, standen allerdings als späte Tulpen hinter den Darwintulpen, und erst die Liste von 1969 ordnete sie den mittleren Tulpen zu. Später verschwanden die Mendeltulpen als eigene Klasse, und man ordnete die frühblühenden den einfachen frühen Tulpen zu und die spätblühenden den Triumphtulpen.

DARWINHYBRIDEN

Ursprünglich waren die Darwinhybriden aus der Kreuzung von Darwintulpen mit *Tulipa fosteriana* hervorgegangen. Heutzutage umfassen sie auch Kreuzungsergebnisse anderer Tulpen mit Wildtulpen, die ähnliche Merkmale haben und die Wildpflanze nicht erkennen lassen. Viele der frühen Darwinhybriden wurden von D. W. Lefeber im Zweiten Weltkrieg gezüchtet. »Hollands Glorie«, »Lefeber's Favourite«, »Dardanelles« und »Red Matador« kamen 1942 auf. »Hollands Glorie« war äußerst beliebt, fand aufgrund des hohen Preises aber nur begrenzte Verbreitung. Fast alle Darwinhybriden waren rot, und D. W. Lefebers Lieblingssorte war die 1945 gezüchtete »Oxford«.

Die erste nicht rote Darwinhybride war »Oranjezon«, Erstzüchtung 1947, die man ursprünglich als Triumphtulpe klassifizierte. Erst viele Jahre später wurde »Oranjezon« bei den Darwinhybriden eingestuft. Die erste nicht rote Tulpensorte, die als Darwinhybride klassifiziert wurde, war »Gudoshnik« (1952).

1959 folgten dann »Orange Goblet« und »Big Chief«, 1960 »Vivex«. Seither haben Mutationen der ursprünglichen Pflanzen meist goldene Spielarten hervorgebracht; allerdings gibt es auch von vielen ursprünglich roten Sorten anders gestreifte und geränderte Abarten.

ORANJEZON	
Klassifizierung	Darwinhybride
Erstzüchtung	1947
Höhe	55 cm
Auszeichnungen	AM H 64

Von den ursprünglich roten Tulpensorten bevorzuge ich »Oxford«, weil sie bei der Ernte hervorragende neue Zwiebeln für die Blüte im Folgejahr und Brutzwiebeln in vernünftiger Menge liefert. Ihr Hauptrivale, »Apeldoorn«, ergibt bei der Ernte zwar mehr Brutzwiebeln, aber weniger große Zwiebeln. »Apeldoorn« ist bei professionellen Züchtern sehr beliebt, ob sie nun Zwiebeln oder Schnittblumen liefern, doch für den einfachen Gärtner halte ich »Oxford« für besser geeignet. Zudem blüht sie einige Tage früher als »Apeldoorn«. »Lefeber's Favourite« hat eine hübsch geformte Blüte, die allerdings sehr spät blüht und etwas kleiner ist, etwa wie »Diplomate«. »London« und »Dover« haben ebenfalls schöne Rottöne, auch wenn »Dover« sich in der Sonne sehr weit öffnet und daher nicht so lange hält wie manch andere Sorte. Die kräftige »Red Matador« war wohl die erste Darwinhybride, die preiswert angeboten wurde, hat allerdings einen Nachteil: Man muß sie sehr früh pflanzen. »Spring Song« ist leicht pink, wenn sich die Blüte öffnet, wird aber bald intensiv rot und eignet sich wohl am besten in dieser Gruppe zur Naturalisierung. In herrlichem Rot mit schöner Formgebung blüht »Canopus«, ursprünglich als Fosterianatulpe klassifiziert, später zu den Darwinhybriden gerechnet; heute ist sie offenbar nicht mehr im Handel. Eine früher sehr beliebte Sorte war »General Eisenhower«, die mittlerweile völlig von »Empire State« verdrängt ist, einer Sorte, die Ähnlichkeiten mit »Oxford« hat, aber größer und höher wird; sie blühen gleichzeitig und harmonieren gut miteinander. Schließlich gibt es noch »Parade«, deren große Blüte sich recht weit öffnet.

BIG CHIEF	
Klassifizierung	Darwinhybride
Erstzüchtung	1959
Höhe	65 cm
Auszeichnungen	AM H 60/ FCC W 69

OXFORD	
Klassifizierung	Darwinhybride
Erstzüchtung	1945
Höhe	60 cm
Auszeichnungen	AM H 53/ FCC W 78

ROT

TULPEN IN ROTTÖNEN

KLASSE	NAME	JAHR	FARBE	AUSZEICHNUNGEN	HÖHE
1	Brilliant Star	1906	scharlachrot	FCC H 08	25 cm
1	Merry Christmas	1972	chrysanthemenrot		37,5 cm
2	Scarlet Cardinal	1914	scharlachrot	AM H 15	25 cm
3	Paul Richter	1945	geranienrot	AM W 78	45 cm
4	Empire State	1956	signalrot	FCC H 60/FCC W 69	60 cm
4	Oxford	1945	scharlachrot	AM H 53/FCC W 78	65 cm
4	Parade	1951	signalrot	AM H 53/FCC W 78	60 cm
5	Halcro	1949	lachskarminrot	FCC H 64/AM W 77	70 cm
5	Landseadle's Supreme	1958	kirschrot	FCC H 61/FCC W 77	65 cm
5	Renown	1949	hellkarmin	FCC H 51/AM W 68	65 cm
6	Dyanito	1949	leuchtendrot	FCC H 51	60 cm
7	Arma	1962	kardinalrot		30 cm
7	Burgundy Lace	1961	weinrot	AM W 70	65 cm
7	Red Wing	1972	kardinalrot		45 cm
7	Sundew		kardinalrot	AM H 30	55 cm
10	Red Champion	1930	glänzendrot		45 cm
10	Vesuvius	1962	scharlachrot		25 cm
11	Uncle Tom		maronenrot	AM H 39	50 cm
12	Scarlet Baby	1962	scharlachrot		20 cm
12	Showwinner	1966	kardinalrot		22,5 cm
13	Cantata		orangerot		27,5 cm
13	Madame Lefeber		orientalischrot	FCC H 32	45 cm
14	Majestic	1970	scharlachrot	AM H 42	55 cm
14	Oriental Beauty	1952	blutrot		30 cm
15	*eichleri*		scharlachrot	AM H 39/AM W 70	25 cm
15	*linifolia*		scharlachrot	AM H 32/AM W 70	12,5 cm
15	*praestans* Turbergen's Variety		orangescharlach		30 cm
15	*turbergeniana* Keukenhof	1952	scharlachrot		55 cm

Viele dieser roten Darwinhybriden haben goldene oder gelbe Spielarten hervorgebracht. Meine Lieblingssorte ist »Golden Oxford«; daneben gibt es noch »Golden Apeldoorn«, »Golden Parade«, »Golden Empire State«, »Golden Springtime« und »Jewel of Spring«, eine hervorragende schwefelgelbe Abart der »Gudoshnik«. Besonders »Oxford« und »Apeldoorn« haben eine Reihe anderer Spielarten hervorgebracht, von denen wohl die wichtigsten »Oxford's Elite« und »Apeldoorn's Elite« sind, außen rot mit orangegelbem Rand, innen rot getuscht und gefiedert auf orangegelbem Grund. Abgesehen von den offenkundigen Unterschieden der Mutterpflanzen haben beide Sorten gewisse Ähnlichkeiten. Zwei Spielarten von »Apeldoorn« sind ungewöhnlich: »Apeldoorn's Favourite« mit halbgefüllter, schimmernd scharlachroter Blüte und »Exotic Bird« mit roter, zyklamförmiger Blüte.

JEWEL OF SPRING	
Klassifizierung	Darwinhybride
Erstzüchtung	1956
Höhe	60 cm
Auszeichnungen	AM H 60/FCC W 78

DAYDREAM	
Klassifizierung	Darwinhybride
Erstzüchtung	1980
Höhe	60 cm

GOLDEN SPRINGTIME	
Klassifizierung	Darwinhybride
Erstzüchtung	1957
Höhe	62,5 cm
Auszeichnungen	FCC H 60/ FCC W 69

SPRING SONG	
Klassifizierung	Darwinhybride
Erstzüchtung	1946
Höhe	60 cm

MY LADY	
Klassifizierung	Darwinhybride
Erstzüchtung	1959
Höhe	60 cm
Auszeichnungen	AM H 61/HC W 69

Manche Sorten in dieser Gruppe sind orange oder fast orange. Die vollkommenste ist »Oranjezon«, die anerkanntermaßen das reinste Orange aufweist, das es bei Tulpen gibt. Sie blüht später als die meisten anderen dieser Gruppe.

»Vivex« ist offiziell dunkelkarmesinrosa mit orangegelben Rändern und einem dunkelgrünen, sternförmigen Grund auf Gelb, wirkt insgesamt jedoch orange. »Orange Goblet« wird als marsorange mit gelbem Grund beschrieben und hat eine extrem große Blüte, ist allerdings weniger blühfreudig als andere Sorten. »Königin Wilhelmina« (»Koningin Wilhelmina«) ist innen wie außen scharlachrot mit orangem Rand, wirkt insgesamt aber orange und ist eine Spielart von »Lefeber's Favourite«. Eine interessante Züchtung ist »Daydream«, ein Sport (Spielart) von »Yellow Dover«. Wenn die Blüte aufgeht, gleicht sie »Yellow Dover«, nimmt zunehmend aber eine orange Färbung an und ist durchweg orange, bevor sie welkt. Aus der Ferne wirken auch »Oxford's Elite«, »Beauty of Oxford«, »Apeldoorn's Elite« und »Beauty of Apeldoorn« leicht orange.

Die bereits erwähnte Sorte »Hollands Glorie« ist rot. Obwohl sie offiziell als tiefscharlachrot gilt, hatte ich immer den Eindruck, daß sie einen Hauch Orange besitzt. Schon bald gab es von ihr eine sehr schöne, korallenorange Spielart namens »My Lady«. Eine weitere herrlich orange Sorte ist die 1985 gezüchtete »Lighting Sun«, eine hervorragende ringelblumenfarbene Tulpe, außen mit einem leichten Hauch Azaleenpink. Diese Abart von »Oranjezon« wurde 1987 irrtümlich als einfache späte Tulpe klassifiziert.

ORANGE

TULPEN IN ORANGETÖNEN

KLASSE	NAME	JAHR	FARBE	AUSZEICHNUNGEN	HÖHE
1	Bestseller	1959	kupferorange		40 cm
1	Princess Irene	1949	orange/lachsfarben		32,5 cm
3	Orange Monarch	1962	orange		45 cm
3	Showmaster	1965	dunkelorange	AM H 64	45 cm
4	Lighting Sun	1985	ringelblumenorange		60 cm
4	My Lady	1959	korallenorange	AM H 61/HC W 69	60 cm
4	Oranjezon	1947	reinorange		55 cm
4	Vivex	1960	orange mit rosa		62,5 cm
5	Dillenburg	1916	terracottaorange	FCC H 37	65 cm
6	Marjolein	1962	orange und rosa	AM H 82	57,5 cm
10	Orange Parrot	1942	orange	AM H 50	60 cm
11	Orange Triumph	1944	orangerot	AM H 44	50 cm
12	Early Harvest	1966	rötlichorange	AM H 73	20 cm
12	Love Song	1966	rötlichorange		20 cm
13	Juan	1961	blaßorange		40 cm
13	Orange Brilliant	1962	indischorange		47,5 cm
13	Orange Emperor	1969	karottenorange		50 cm
13	Toulon	1961	dunkelorange	HC W 66	37,5 cm
14	Orange Elite	1952	orange/rosa	AM W 66	25 cm
14	Orange Toronto	1988	reinorange		30 cm
15	*praestans* Isaphan		orange		30 cm
15	*vvedenskyi* Tangerine Beauty	1980	orange/hellbraun/gelb		12,5 cm

DAWNGLOW	
Klassifizierung	Darwinhybride
Erstzüchtung	1965
Höhe	60 cm

PINK IMPRESSION	
Klassifizierung	Darwinhybride
Erstzüchtung	1979
Höhe	60 cm

Bei einigen Darwinhybriden herrschen intensive Rosatöne vor. »Dawnglow« zeigt ein karmin getuschtes blasses Apricot mit einem Hauch Orange im Inneren. Als Spielart von »Red Matador«, einer Kreuzung aus Fosteriana- und Mendeltulpen, muß man sie recht früh pflanzen, um ein gutes Ergebnis zu erzielen. Eine noch größere Blüte entwickelt »Big Chief« in Krapprosa mit orangerotem Rand und ausgeprägter oranger Tuschung im Inneren. Sie eignet sich gut zur Beetbepflanzung, verträgt es aber nicht, wenn man sie im Boden laßt oder naturalisiert. »Elizabeth Arden« ist eine schöne rosa Tulpe, die bis vor kurzem als Darwinhybride eingestuft wurde, aber kürzer und kleiner als die meisten Darwinhybriden ist; da es jedoch nicht allzu viele rosafarbene Tulpen gibt, gehört sie zum Grundbestand. Das schönste Pink entstand 1979 mit »Pink Impression«: Auf der Außenseite ist sie empirerosa geädert, und zwar auf blaßrosa Grund mit rosa Flammung und breitem, krebsrot gefiedertem Rand; innen hat sie ein zartes Rosé auf blaßrosa Grund mit schwarzer Basis und schmalem gelbem Rand.

In dieser Gruppe gibt es keine weißen Tulpen, obwohl man »Purissima« verwenden könnte, die eine ähnliche Abstammung hat wie »Red Matador« (eine Kreuzung aus Mendel- und Fosterianatulpe). Dem Weiß am nächsten kommt »Ivory Floradale«, außen elfenbeingelb, innen milchiggelb, manchmal leicht karminrot getuscht.

IVORY FLORADALE	
Klassifizierung	Darwinhybride
Erstzüchtung	1965
Höhe	60 cm

Es gibt drei gelbe Spielarten mit roten Streifen oder Flecken: »Dutch Flair« in Dottergelb mit scharlachroten Streifen, ein Sport von »Dover«; »Olympic Flame«, ein Sport von »Olympic Gold« in Mimosengelb mit dunkelroter Flammung; »Flaming Gold« in Dottergelb mit roter Flammung, ein Sport von »Franklin D. Roosevelt«. Meiner Ansicht nach ist »Tender Beauty« die schönste Tulpe dieser Gruppe. Mit ihrem kräftigen Stengel und der riesigen weißen Blüte mit rosaroten Rändern und gelbem Grund ist sie herausragend, und obwohl sie bereits seit 40 Jahren gezüchtet wird, ist sie nach wie vor extrem teuer. Sie ist eine der wenigen tetraploiden Tulpen.

Darwinhybriden sind heute überall zu finden – in Privatgärten, Parks und öffentlichen Grünanlagen. Das ist keineswegs überraschend, da sie sehr robust, kräftig und äußerst preiswert sind.

OLYMPIC FLAME	
Klassifizierung	Darwinhybride
Erstzüchtung	1971
Höhe	52,5 cm

TRIUMPHTULPEN

In den Jahren nach dem Ersten Weltkrieg entstanden zahlreiche Neuzüchtungen von Triumphtulpen. Sie sind eine Kreuzung aus einer einfachen frühen und einer maiblühenden Tulpe; sie sind robust, wenn auch nicht ganz so kräftig wie die Darwinhybriden. Erst 1939 fanden Triumphtulpen Aufnahme in die Klassifizierungsliste. 1981 wurde diese Gruppe zahlenmäßig erweitert, als man ihr alle später blühenden Mendeltulpen und einige früher blühende Cottagetulpen eingliederte. Besonders wertvoll sind diese Tulpen im Bereich purpurvioletter Farbtöne. Die wohl schönste von allen ist »Blue Orchid« (purpurviolett), doch die populärste ist vermutlich »Attila« in einem hellen Purpurviolett. Daneben gibt es noch einige andere: »Purple Queen« (leuchtend purpurrot), »Purple Marvel« (purpurlila), »Purple Star« (purpurn) und »Prince Charles« (purpurviolett); »First Lady« ist rötlichviolett mit purpurner Tuschung, »Emmy Peeck« intensiv lilarosa und »Anne Claire« magenta. Eine neuere Züchtung ist »Negrita« in Dogenpurpur mit Adern in der Farbe von Rote Beete. »Arabian Mystery« ist dunkelpurpurviolett mit weißen Rändern und »Dreaming Maid« violett mit weißen Rändern.

ATTILA	
Klassifizierung	Triumphtulpe
Erstzüchtung	1945
Höhe	50 cm

PRINCE CHARLES	
Klassifizierung	Triumphtulpe
Erstzüchtung	1952
Höhe	45 cm
Auszeichnungen	AM W 57

ARABIAN MYSTERY	
Klassifizierung	Triumphtulpe
Erstzüchtung	1953
Höhe	45 cm

DREAMING MAID	
Klassifizierung	Triumphtulpe
Erstzüchtung	1934
Höhe	50 cm

In dieser Gruppe gibt es mehrere weiße Tulpen, unter denen »Carrara« wohl die beste ist; doch auch »Kansas«, »Hibernia« und »Pax« sind gute Sorten. Unter den rosafarbenen Sorten dieser Gruppe gehört »Peerless Pink« in reinem Satinrosa zu den alten Favoriten; eine weitere alte Sorte ist »Pink Glow« in Satinrosa. Auch »Don Quichote« (purpurrosa) und »Douglas Bader« (amaranthrosa und chinesischrosa auf Weiß) sind hervorragend. Neuer ist »Billboard«, geflammt rosa mit schmalem rotem Rand.

HIBERNIA	
Klassifizierung	Triumphtulpe
Erstzüchtung	1946
Höhe	47,5 cm

Offenbar wurden viele der gelben und roten Sorten von den Darwinhybriden gleicher Farbe verdrängt, aber einige gibt es noch, deren Züchtung sich lohnt. »Alberio« in Kirschrot mit cremefarbenem Rand dient vielen Papageientulpen als Mutterpflanze. »Robinea« ist kardinalrot, und die bräunlichrote »Cassini«, obwohl schon recht alt, ist immer noch sehr kräftig. »Paul Richter«, die Darwintulpe, die den Triumphtulpen zugeordnet wurde, eignet sich unter den späten Tulpen am besten fürs Gewächshaus. Unter den gelben Sorten ist »Golden Melody« dottergelb und »Reforma« schwefelgelb, während »Ornament« eine große gelbe Blüte in Eiform hat. Ich muß vor allem »Golden Show« mit ihrer sehr großen, dunkelgelben Blüte erwähnen: Sie hat den stärksten Duft aller Tulpen, die ich je gezüchtet habe.

Auch einige gute orangefarbene Tulpen gibt es in dieser Gruppe: »Adorno« (lachsorange), »High Society« (orangerot mit reinorangefarbenem Rand), »His Highness« (bronzefarben, durchgängig mit einem Hauch Orange) und »Mary Housley« (apricot). »Orange Monarch« ist orange mit leicht rosa Tuschung, »Showmaster« dunkelorange mit gelbem Rand.

MERRY WIDOW	
Klassifizierung	Triumphtulpe
Erstzüchtung	1942
Höhe	32,5 cm
Auszeichnungen	AM H 43

LUCKY STRIKE	
Klassifizierung	Triumphtulpe
Erstzüchtung	1954
Höhe	40 cm

Unter den zweifarbigen Sorten blühen »Elmus«, »Edith Eddy«, »Merry Widow« (»Lustige Witwe«) und »Lucky Strike« in schönem Rot-Weiß. »Aureola«, »Golden Eddy« und »Kees Nelis« sind wie »Princess Beatrix« rot und gelb. In Purpurrosa mit einem Hauch weißgeränderten Purpurs zeigt sich »Valentine«. Die beiden folgenden Sorten haben eine ungewöhnliche Farbe: »Abu Hassan« ist leuchtend kardinalrot mit chrysanthemenfarbenen Streifen auf einem schmalen dottergelben Rand, und »Madame Spoor« ist mahagonirot mit gelbem Rand. Beide harmonieren gut miteinander. »Fidelio« ist orange mit magentafarbenem Rand.

Von den verschiedenen weißen Tulpen mit rosa Rand sind die bekanntesten »Meissner Porzellan« in einem ansprechenden Rosa-Weiß und »Garden Party« mit weißem Grund und leuchtend rosa Rand. Eine weitere gute Sorte ist »Her Grace«. Die erfolgreichste ist meiner Ansicht nach die robuste »Alela« in einem schönen Weiß mit rosa Rand; sie ist recht neu und kam 1980 auf.

KEES NELIS	
Klassifizierung	Triumphtulpe
Erstzüchtung	1951
Höhe	37,5 cm

VALENTINE	
Klassifizierung	Triumphtulpe
Erstzüchtung	1970
Höhe	50 cm

FIDELIO	
Klassifizierung	Triumphtulpe
Erstzüchtung	1952
Höhe	47,5 cm

ABU HASSAN	
Klassifizierung	Triumphtulpe
Erstzüchtung	1976
Höhe	50 cm

Weitere neuere Triumphtulpen haben mir viel Freude bereitet: »Annie Schilder« (1982), eine Mischung aus Empirerosa und Indischorange, sowie »New Design«, die neapelgelb aufblüht, aber zu einem rosa angehauchten Weiß mit zartfuchsienrotem Rand verblaßt. Innen ist die Blüte neapelgelb mit apricot Flammung und dottergelbem Grund; die grünen Blätter haben einen deutlichen rosaweißen Rand und sind dunkelrosa, wenn sie aus der Knospe kommen, verblassen dann aber zu einem rosa angehauchten Weiß. »Happy Family« (1985) schließlich zeigt nicht nur ein sehr attraktives Rosa, sondern gehört auch zu den mehrblütigen Tulpen.

Die Triumphtulpen sind eine hervorragende Tulpenklasse, die meist robust und kräftig wachsen und größtenteils gegen Ende April herrlich blühen; sie bilden eine ausgedehnte Familie, die ich für jeden Garten unbedingt empfehlen kann.

Gander

SPÄTE TULPEN

EINFACHE UND GEFÜLLTE SORTEN

Späte Tulpen wurden schon erwähnt, als die ersten Tulpen aus der Türkei nach Westeuropa kamen. Anfangs waren es meist einfache Sorten; die gefüllten tauchten erst um 1665 auf.

EINFACHE SPÄTE TULPEN

Zu dieser Gruppe gehören neben den populären Darwintulpen und den meisten Cottagetulpen auch die holländischen und englischen Breedertulpen, die erst später in diese Gruppe aufgenommen wurden; die lilienblütigen und die gefransten Tulpen sowie die Viridifloratulpen wurden mittlerweile herausgenommen.

Als erste blüht »Mirella«, eine Tulpe mit ungewöhnlicher Farbgebung: Sie hat eine länglich ovale Blüte mit bräunlichrosa Blütenblättern und einer breiten, erdbeerroten Flammung, die vom Grund aufsteigt; im Inneren ist sie silbrigrosa und geht über karmesin in einen schwarzblauen Grund über. »Mirella« ist eine Spielart von »Advance«, die von den spätblühenden Darwinhybriden verdrängt zu sein scheint. Als erste Darwintulpe blüht die dauerhaft populäre »Demeter« in einem üppigen Pflaumenton. »The Bishop« ist herrlich violettpurpur, »Dorie Overall« dunkel petunienviolett mit malvenfarbenem Rand und »Cum Laude« dunkel glockenblumenviolett. »Cleopatra« zeigt sich purpurn und »Madame Butterly« purpurviolett. »General Patton« ist dunkellila, »Bleu Admiral« dunkel malvenfarben mit purpurner Tönung und »Greuze« dunkel violettpurpur.

»La Tulipe Noire« in dunklem Purpurschwarz verdankt ihren Ruhm gleichermaßen dem Roman von Alexandre Dumas wie ihrer eigenen Schönheit. »Queen of the Night« hat einen dunkelsamtigen Maronenton, und »Black Diamond« ist außen dunkel rotbraun und innen dunkel dahlienpurpur; beide Sorten wirken aus der Ferne schwarz. Zwei Züchtungen sind völlig schwarz: »Black Beauty« und »Black Pearl«. »Gander« – in einem hellen Magentaton – eignet sich für Beet und Treibhaus; ihre Spielart »Red Gander« ist außen kardinalrot und innen johannisbeerrot.

Rosa Töne

In dieser Gruppe gibt es viele Rosatöne. Die bekannteste und beliebteste ist »Clara Butt« in einem zarten Lachsrosa. Viele Züchter behaupten, »Queen of Bartingtons« sei die beste von allen.

ARISTOCRAT	
Klassifizierung	Einfache späte Tulpe
Erstzüchtung	1935
Höhe	60 cm
Auszeichnungen	AM H 38

ROSY WINGS	
Klassifizierung	Einfache späte Tulpe
Erstzüchtung	1944
Höhe	57,5 cm
Auszeichnungen	AM H 47

Auch sie ist rein lachsrosa und eine Spielart von »Bartington«. »Cantor« zeigt sich in zartem Korallenrosa, »Aristocrat« in klarem Magenta mit hellem Rand und großer Blüte. »Pink Supreme« ist ganz zartrosa mit helleren Rändern; auch »Princess Elizabeth« ist rosa. »Palestina« ist niedriger als die meisten einfachen späten Tulpen, hat aber große Blüten in einer Kombination aus Lachsfarben und Rosa. »Rosy Wings« ist strahlend pink mit sehr langer, auffallender, fast lilienförmiger Blüte. »Smiling Queen« hat eine schön geformte, äußerst langlebige Blüte in dunklem Pink.

Krottöne

Hier sind zwei hohe, robuste und kräftige Züchtungen der Brüder Seghers zu erwähnen: »Halcro« ist dunkel lachskarmin mit gelbem Grund und ebenso großer ovaler Blüte wie »Renown«, die in hellem Karminrot mit gelbem Grund blüht. Von »Renown« gibt es zwei hervorragende Spielarten: »Avignon« in Spinellrot und »Menton«, außen chinesischrosa mit hellorangen Streifen am Rand und innen mohnrot mit weißer Ader. Eine weitere hervorragende rote Sorte ist die langlebige »Landseadle's Supreme« in schimmerndem Kirschrot auf kräftigem Stengel. »Scarlet Leader« ist blutrot, »King's Blood« kirschrot mit scharlachrotem Rand, »Flying Dutchman« johannisbeerrot und »Musical« kardinalrot. »Tel Aviv« zeigt sich erdbeerrot, und »Balalaika« präsentiert sich mit großer Blüte in schimmerndem Türkischrot.

HALCRO	
Klassifizierung	Einfache späte Tulpe
Erstzüchtung	1949
Höhe	70 cm
Auszeichnungen	FCC H 64/AM W 77

PURPUR

TULPEN IN PURPUR-, VIOLETT- UND MALVENTÖNEN					
KLASSE	NAME	JAHR	FARBE	AUSZEICHNUNGEN	HÖHE
1	Van der Neer	1860	purpur		25 cm
2	David Tenniers	1960	violettpurpur		25 cm
3	Attila	1945	purpurviolett		50 cm
3	Blue Orchid	1942	purpurviolett		45 cm
3	Purple Queen	1970	purpurrot		50 cm
3	Negrita	1970	dogenpurpur		45 cm
5	Demeter	um 1930	pflaumenpurpur	AM H 32	67,5 cm
5	Bleu Aimable	1912	lila	AM H 16	60 cm
5	Cleopatra	1960	purpur		62,5 cm
5	The Bishop	1908	violettpurpur		62,5 cm
5	Madame Butterfly	1930	violettpurpur	FCC H 38	62,5 cm
6	Burgundy	1957	purpurviolett		47,5 cm
6	Maytime	1942	rötlichviolett		47,5 cm
7	Blue Heron	1970	violettpurpur		65 cm
7	Canova	1971	kobaltpurpur		60 cm
10	Blue Parrot	1935	violett/purpur	AM H 35	60 cm
10	Muriel	1961	violett		40 cm
11	Blue Flag	1750	hellviolett		40 cm
11	Lilac Perfection	1951	lila		45 cm
11	Clara Carder	1943	purpurrot	AM H 50	45 cm
15	*bakeri* Lilac Wonder	1971	rosapurpur	FCC H 77	15 cm
15	*pulchella humilis*	1982	violettpurpur		10 cm
15	*pulchella violacea*		purpurrot		10 cm

RENOWN	
Klassifizierung	Einfache späte Tulpe
Erstzüchtung	1949
Höhe	65 cm
Auszeichnungen	FCC H 51/AM W 68

LANDSEADLE'S SUPREME	
Klassifizierung	Einfache späte Tulpe
Erstzüchtung	1958
Höhe	65 cm
Auszeichnungen	FCC H 61/FCC W 77

BALALAIKA	
Klassifizierung	Einfache späte Tulpe
Erstzüchtung	1952
Höhe	50 cm

Gelbtöne

»Golden Harvest«, eine gut eingeführte Sorte, hat eine große zitronengelbe Blüte. »Bingham« ist goldgelb, und »Fortune's Gift« zeigt ein Maisgelb mit rosa Rand.

Weißtöne

Die länglich-ovalen Blüten von »Maureen« sind weiß, elfenbeinfarben getuscht. »Sigrid Undset« ist cremeweiß, »Snow Peak« reinweiß. Es gibt drei weiße Sorten mit farbigen Rändern: »Blushing Bride« mit rotem Rand, »Magier« mit zartpurpurfarbenem Rand und »Shirley« mit einem schmalen Rand in zartem Purpurblau und kleinen Tupfern in derselben Farbe.

WEISS

TULPEN IN WEISS- UND ELFENBEINTÖNEN

KLASSE	NAME	JAHR	AUSZEICHNUNGEN		HÖHE
1	Diana	1909	AM H 14		27,5 cm
1	White Hawk	1880			30 cm
3	Carrara		AM H 12	FCC W 22	50 cm
3	Pax	1942			45 cm
5	Maureen	1950	FCC H 56	AM W 60	50 cm
5	Sigrid Undset	1954	AM H 54		65 cm
5	Snowpeak	1952		FCC W 57	65 cm
6	White Triumphator	1942		HC W 82	70 cm
7	Swan Wings	1959		AM W 70	55 cm
10	White Parrot	1943			50 cm
11	Mount Tacoma	1926	FCC H 39		55 cm
13	Purissima	1943	AM H 49		50 cm
13	Concerto				25 cm
15	*biflora*				17,5 cm
15	*turkestanica*				22,5 cm

MAGIER	
Klassifizierung	Einfache späte Tulpe
Erstzüchtung	1951
Höhe	65 cm

SHIRLEY	
Klassifizierung	Einfache späte Tulpe
Erstzüchtung	1963
Höhe	60 cm

PRINCESS MARGARET ROSE	
Klassifizierung	Einfache späte Tulpe
Erstzüchtung	1944
Höhe	55 cm

Zweifarbige Sorten

Während »Rosa van Lima« ein lachsfarben gerändertes Lila aufweist, sind »Silver Wedding« und »Sweet Harmony« beide gelb mit weißem Rand. »Arizona« ist dottergelb mit einem Hauch Rot und »Pandion« purpurn mit weißem Rand.

Von den Tulpensorten, die in englischen Cottagegärten zu finden waren, gibt es noch heute einige Züchtungen. Die bekannteste ist »Inglescombe Yellow« (W. T. Ware), eine triploide Tulpe, die in England und Holland Auszeichnungen erhalten hat und die ich als erste Tulpe angepflanzt habe. Im Wuchs etwas niedriger als viele andere dieser Gruppe, ist sie doch robust und kräftig und läßt sich gut naturalisieren. Von ihr gibt es einige gute Spielarten: »Princess Margaret Rose« (gelb mit orangerotem Rand), »Lincolnshire« (zinnober) und »Vlammenspel« (»Flammenspiel«, gelb mit scharlachroter Flammung) sowie einige Papageientulpen.

Einige der interessantesten Farbkombinationen bieten die alten Tulpensorten, die früher Breedertulpen hießen: Sie reichen von purpurn bis bronzefarben, von gelb bis hellbraun. »Louis XIV.« ist blauviolett mit gelbbraunem Rand; »Dillenburg« ist orangeterracotta, »Southern Cross« zitronengelb mit orangem Rand. »George Grappe« blüht lavendelblau und »Jan van Galen« erdbeerfarben und orange. »Fulton« zeigt sich purpurn mit bronzenem Rand und »Mount Royal« bläulichpurpurn mit bronzeorangem Rand. Viele dieser alten Breedertulpen wurden sehr hoch.

»Scaramouche« (purpurn mit bronzegelbem Rand) sollte zu den Breedertulpen zählen, ist aber eine Spielart von »Golden Harvest«. In interessanten Farben zeigen sich auch »Beverly« mit Orange-Rot und »Bond Street« mit Gelb und Orange. Eine Übersicht aller zweifarbigen Tulpen findet sich auf Seite 66–67.

PANDION	
Klassifizierung	Einfache späte Tulpe
Erstzüchtung	um 1950
Höhe	60 cm
Auszeichnungen	FCC H 54/AM W 57

DILLENBURG	
Klassifizierung	Einfache späte Tulpe
Erstzüchtung	1916
Höhe	65 cm
Auszeichnungen	FCC H 37

SWEET HARMONY	
Klassifizierung	Einfache späte Tulpe
Erstzüchtung	1944
Höhe	55 cm
Auszeichnungen	FCC H 47/AM W 55

BLUSHING BEAUTY	
Klassifizierung	Einfache späte Tulpe
Erstzüchtung	1983
Höhe	65 cm

GELB

TULPEN IN GELB- UND GOLDTÖNEN					
KLASSE	NAME	JAHR	FARBE	AUSZEICHNUNGEN	HÖHE
1	Joffre	1931	gelb	AM H 31	25 cm
1	Bellona	1944	gold		30 cm
2	Baby Doll	1961	dottergelb		20 cm
3	Golden Show	1944	dunkelgold		50 cm
4	Golden Oxford	1959	goldgelb	HC W 78	60 cm
4	Jewel of Spring	1956	schwefelgelb	AM H 60/FCC W 78	60 cm
4	Olympic Gold	1962	dottergelb		55 cm
5	Golden Harvest	um 1922	zitronengelb	AM H 28	65 cm
5	Bingham	1950	gold	AM H 50	62,5 cm
5	Inglescombe yellow	um 1901	gelb	AM H 14/AM W 06	55 cm
5	Mrs John T. Scheepers	1930	kanariengelb	FCC H 31	60 cm
6	West Point	1943	hellzitronengelb	HC W 82	50 cm
6	Golden Duchess	1938	dunkelprimelgelb	FCC H 39	50 cm
7	Maja	1968	Dresdner Gelb		65 cm
7	Fringed Elegance	1974	schwefelgelb	AM H 74	60 cm
10	Texas Gold	1944	hellgelb		52,5 cm
11	Gold Medal	1946	dunkelgelb		45 cm
11	Ostara	1958	zitronengelb	AM H 60	50 cm
12	Berlioz	1942	gold/ rot gesprenkelt	AM W 39	20 cm
13	Yellow Purissima	1980	bariumgelb		50 cm
13	Candela	1961	reingelb	AM H 61	50 cm
15	*uremiensis*	1932	hellgelb	FCC W 70	12,5 cm
15	*batalinii*		zitronengelb	AM H 00/FC W 70	12,5 cm

Seit langem gehören in diese Gruppe die drei faszinierenden Tulpensorten »Temple of Beauty« und ihre beiden Spielarten. »Temple of Beauty« wurde erstmals 1959 von D. W. Lefeber and Co. als Kreuzung der lilienblütigen »Mariette« mit einer Greigiitulpe vorgestellt. Bis 1963 stufte man sie als Greigiihybride ein, ordnete sie 1969 jedoch den Cottagetulpen zu, obwohl die Klassifizierungsliste feststellte, daß sie eine große, lilienförmige Blüte und leicht gesprenkelte Blätter hatte. »Temple of Beauty« ist einfarbig lachsorange, während bei ihrer Spielart »Blushing Beauty« das zarte Orangerosa an den Rändern zu einem Gelborange verblaßt. Bei dem zweiten Sport, »Hocus Pocus«, sind die drei äußeren Blütenblätter fast rein dottergelb und die inneren scharlachrot. Ich erwähne vor allem die tetraploide Sorte »Mrs John T. Scheepers« mit sehr großen, spitz zulaufenden Blütenblättern in hellem Kanariengelb; sie hat eine dunkelgelbe Spielart namens »Gold Rush«.

Zwei Züchtungen dieser Gruppe gehen auf das Jahr 1630 zurück: Die eine ist »Gala Beauty«, die auch »Columbus« und »French Crown« heißt und gelbe, karminrot geflammte Blüten hat; die andere ist »Zomerschoon« in lachsrosa auf cremefarbenem Grund. Diese Sorte ist sehr teuer, und von »Gala Beauty« weiß ich nicht, ob sie noch im Handel ist.

GEFÜLLTE SPÄTE TULPEN

Gefüllte späte Tulpen werden von Botanikern oft auch als paeonienblütige Tulpen bezeichnet. Ihre Geschichte ist relativ undurchsichtig; bekannt ist jedoch, daß die frühen Varietäten sehr schwache Stengel hatten und durch das Gewicht der Blüten die Köpfe hängen ließen.

»Blue Flag« (»Bleu Celeste«) wurde erstmals 1750 gezüchtet, ist hellviolett und möglicherweise nach wie vor erhältlich; die meisten heute angebotenen Züchtungen entstanden allerdings nach 1932. »Lilac Perfection« in einem schönen Lilaton ist eine der besten Sorten dieser Gruppe. »Clara Carder« zeigt sich in tyrischem Purpur und »Maravilla« in üppigem Violett. »Gerbrandt Kieft« schimmert purpurrot mit weißem Rand, während »Hermione« ein zartes Violettrosa aufweist.

»Gold Medal« ist dunkelgelb und »Ostara«, eine Spielart von »Golden Harvest«, zitronengelb. Die wohl schönste weiße Tulpe ist »Mount Tacoma«.

Einige der beliebtesten Sorten dieser Gruppe sind zweifarbig. »Coxa«, karminzinnober mit weißem Rand, hat in »Orange Triumph« eine braun getuschte, orangerote Spielart mit schmalem gelbem Rand. Ebenfalls sehr populär ist »Nizza« in Gelb mit roten Streifen. Ihre Spielart »Golden Nizza« ist gold mit roter Fiederung und »Carneval de Nice« weiß mit roten Streifen. »Bonanza« zeigt sich wie »Allegretto« und »Amusement« karminrot mit gelbem Rand.

»Uncle Tom« ist maronenrot. »Eros« ist altrosa, und »Symphonia«, ein Sport von »Pride of Haarlem«, ist kirschrosa; auch »May Wonder« ist rosa. Die karminrosa »Granada« hat mit »Angelique« eine Spielart hervorgebracht, die zu den schönsten dieser Gruppe gehört. Sie ist zartrosa mit hellerem Rand und zur Zeit sehr beliebt, obwohl sie bereits seit 1959 gezüchtet wird.

MOUNT TACOMA	
Klassifizierung	Gefüllte späte Tulpe (paeonienbl.)
Erstzüchtung	1926
Höhe	55 cm
Auszeichnungen	FCC H 39

ALLEGRETTO	
Klassifizierung	Gefüllte späte Tulpe
Erstzüchtung	1963
Höhe	35 cm

LILAC PERFECTION	
Klassifizierung	Gefüllte späte Tulpe (paeonienbl.)
Erstzüchtung	1951
Höhe	45 cm

UNCLE TOM	
Klassifizierung	Gefüllte späte Tulpe (paeonienbl.)
Höhe	50 cm
Auszeichnungen	AM H 39

MAY WONDER	
Klassifizierung	Gefüllte späte Tulpe
Erstzüchtung	1951
Höhe	40 cm

ANGELIQUE	
Klassifizierung	Gefüllte späte Tulpe (paeonienbl.)
Erstzüchtung	1959
Höhe	40 cm

Eine Rembrandt-Tulpe in einer Gruppe einfacher später Tulpen.

REMBRANDT- UND BREEDERTULPEN

Auch wenn viele die in diesem Kapitel vorgestellten Tulpensorten heute für überholt halten, sind sie bei anderen doch sehr beliebt.

All diese Tulpen sind »gebroken«, das heißt, der blaue Pflanzenfarbstoff Anthozyan, der im gesamten Blütenblatt verteilt war, sammelt sich in bestimmten, begrenzten Bereichen. Die Folge sind Streifen und Flecken auf weißem oder gelbem Grund, der kein Anthozyan mehr enthält. Wie man heute weiß, ist diese Aufspaltung durch einen Virus (TBV) verursacht, der meist von Blattläusen oder anderen Lebewesen von einer Pflanze auf die andere übertragen wird.

Diese »gebroken« Tulpen wurden im 17. Jahrhundert, als man diesen Effekt erstmals beobachtete, als Breedertulpen bekannt. Sie gliederten sich in sechs Klassen: Rosentulpen waren rosa bis karminrot gezeichnet auf weißem Grund; Bijbloementulpen hatten auf weißem Grund eine purpurne Zeichnung; Bizarren hatten eine rote und braune Zeichnung auf gelbem Grund. In jeder Farbgruppe gab es zwei Klassen, gefiederte und geflammte. Die Zeichnung einer gefiederten Blüte beschränkt sich auf die Ränder der Blütenblätter, die durchgehend fein gezeichnet sein sollten, wobei die Tiefe der Zeichnung von einer Sorte zur anderen stark variierte. Bei manchen bildete sie am Rand einen schmalen Pikot, aber nie eine gerade Ader; bei anderen reichte sie tief hinunter, manchmal über ein Viertel des Blütenblattes. In der Mitte des Blütenblattes war sie immer breiter und bildete einen sogenannten Bart. Die Farbe sollte klar und einheitlich sein, auch wenn sie noch so fein gezeichnet war, und die restliche Blüte jenseits der Randfiederung sollte reinweiß oder reingelb sein. Die geflammte Blüte sollte neben der oben beschriebenen gefiederten Zeichnung in der Mitte des Blütenblattes einen farbigen Balken haben, der sich nach oben hin verästelte und mit der gefiederten Randzeichnung verband; der Balken sollte symmetrisch und fein verästelt sein, aber keine breiten Streifen haben, die zum Rand des Blütenblattes laufen. Die Färbung sollte dicht und klar gegen den weißen oder gelben Grund abgehoben sein, obwohl breitere Balken in der Regel in der Mitte etwas heller waren.

Bis 1969 bildeten diese verschiedenen »gebroken« Tulpen eigene Klassen, wurden dann aber zu einer mit dem Namen Rembrandt-Tulpen zusammengefaßt.

GEFLAMMTE TULPEN	
ZEICHNUNG NICHT VIRUSBEDINGT	
Gruppe	**Gruppe**
1 »Mickey Mouse«	**6** »Marylyn«
1 »Montparnasse«	**10** »Estella Rijveld«
1 »Prinz Karneval«	**10** »Flaming Parrot«
4 »Dutch Fair«	**11** »Carneval de Nice«
4 »Flaming Gold«	**11** »Nizza«
4 »Olympic Flame«	**11** »Texas Flame«
5 »American Flag«	
5 »Cordell Hull«	
5 »San Marino«	
5 »Sorbet«	
5 »Union Jack«	

Über drei Jahrhunderte hinweg beherrschten Breedertulpen die Tulpenzucht. Als man erkannte, daß Blattläuse die Farbveränderung bei Tulpen förderten, lockten die Züchter Blattläuse in die Tulpenbeete. In jener Zeit wußte man noch nichts über Viruserkrankungen. Zu Beginn unseres Jahrhunderts entdeckte man den Virus als mögliche Infektionsquelle. Obwohl Dr. E. J. Collins und D. M. Caley Ende der 20er Jahre am John Innes Horticultural Institute Experimente durchführten, konnte man erst 1932 die Existenz des Virus nachweisen.

Fruchtkapsel mit Blattläusen

In England, den Niederlanden und Nordfrankreich gab es viele Gesellschaften und Verbände, die Zucht, Handel und Verkauf von Breedertulpen fördern wollten. Als sie erfuhren, daß ihre Blumen krank waren, stellten viele dieser Verbände ihre Arbeit ein.

Unter diesen »gebrokenen« Tulpen gibt es sehr schöne Sorten, die niederländische, flämische und englische Maler über Jahrhunderte hinweg inspiriert haben: Hans Bollongier, Jan van Os, Maria S. Merian, Jan Brueghel d. J., J. Marrel, H. Henstenburgh, H. G. Knip, Alexander Marshal, Otto Marcellis und vor allem Judith Leyster, eine Künstlerin aus Haarlem und Nichte und Schülerin von Frans Hals, malten Tulpen. Judith Leyster stellte sogar ein ganzes Buch mit Illustrationen »gebroken« Tulpen zusammen.

Als ich anfangs Rembrandt-Tulpen anpflanzte, hatte ich noch nie vom Tulpenvirus gehört. Bald stellte ich jedoch fest, daß viele meiner anderen Tulpen von dem Virus angesteckt waren, der mir schwere Verluste eintrug. In einem Tulpenbuch aus dem 18. Jahrhundert schrieb der Gartenbauexperte D. H. Cause, eine schwache Zwiebel bringe eine schönere Blüte hervor als zuvor und gehe anschließend ein, als habe sie ihre letzte Kraft aufgewandt, um ihrem Besitzer eine Freude zu machen.

Eine Rembrandt-Tulpe

Die Schönheit solcher Blüten ist die Schönheit des Todes. Je schöner eine Blüte, desto näher ist sie dem Ende.

Heute befassen sich nur noch wenige professionelle Züchter mit »gebroken« Tulpen, und wenn doch, dann isolieren sie sie gut von allen anderen Sorten. Die Mindestdistanz sollte etwa 25 Meter betragen: Das ist angeblich weiter, als Blattläuse fliegen. In der Klassifizierungsliste der KAVB von 1990 hieß es: Da mittlerweile so wenig Rembrandt-Tulpen gezüchtet würden, wolle man deren Klassifizierung einstellen.

»Gebroken« Tulpen haben gewiß ihren Teil zur Popularität von Tulpen beigetragen. Tulpen haben überlebt, und heutzutage hat ihre Beliebtheit wesentlich solidere Gründe.

Obwohl ich die Schönheit »gebroken« Tulpen anerkenne, erinnern sie mich doch gleichzeitig immer an den Tod; daher bemühe ich mich, jede Blattlaus in meinem Garten auszumerzen und alle virusinfizierten Pflanzen zu verbrennen.

Picotee

~

SONSTIGE SPÄTE TULPEN

LILIENBLÜTIGE, GEFRANSTE, VIRIDIFLORA- UND PAPAGEIENTULPEN

Noch vor einigen Jahren gehörten lilienblütige und gefranste Tulpen ebenso wie Viridifloratulpen zur Klasse der Cottagetulpen – einer Sammelkategorie für verschiedene Sorten, die sich nicht anders einstufen ließen. Zur Klasse der Cottagetulpen gehörten Pseudospezies wie Retroflexa, Viridiflora und Acuminata. Als eigene Gruppe sind die lilienblütigen Tulpen seit 1958 eingestuft, die Viridifloratulpen und die gefransten Tulpen seit 1981.

LILIENBLÜTIGE TULPEN

Tulipa retroflexa (primelgelb) und *Elegans alba* (weiß mit rosa Rand) standen noch zu Beginn der neunziger Jahre in der Klassifizierungsliste. *Elegans alba* wurde zu Beginn unseres Jahrhunderts offenbar von »Picotee« verdrängt, an deren Stelle heute wohl »Elegant Lady« in Cremegelb mit violettrotem Rand tritt.

Die Lilienform der Blüten ist eindeutig wichtiger als ihre Größe, die sich gut für Blumenarrangements eignet. Die größte in dieser Gruppe ist »Mariette«, eine meiner Lieblingssorten.

MARIETTE	
Klassifizierung	Lilienblütige Tulpe
Erstzüchtung	1942
Höhe	57,5 cm
Auszeichnungen	FCC H. 50/AM W 68

Ihre Spielart »Marjolein« ist orange und karminrosa mit paprikarotem Inneren. Weitere gute Rosatöne haben »China Pink« (uni satinrosa) und »Jacqueline« (kräftig rosa). Auch »Gisella« (manchmal »Giselle« genannt) hat ein schönes Pink und »Astor« eine ausgezeichnetes Lachsrosa. »Maytime« ist purpurviolett und »Lilac Time« violettpurpurn. Auch »Burgundy« und »Linette« zeigen sich in Purpurtönen. »Captain Fryatt« ist rubinpurpurn; »Ballade« zeigt sich violettmalve mit weißem Rand. »Dyanito« hat einen schönen schimmernden Rotton, und »Aladdin« ist hellkarmesin mit gelbem Rand. Die bräunlichrote »Queen of Sheba« hat ebenso wie die rote »Stanislaus« einen gelben Rand. »Red Shine« ist violettkarmesin, »Hedwig Vatter« orange, »Golden Duchess« primelgelb und »West Point« zitronengelb. »White Triumphator« ist weiß, wie der Name sagt.

MARJOLEIN	
Klassifizierung	Lilienblütige Tulpe
Erstzüchtung	1962
Höhe	57,5 cm
Auszeichnungen	AM W 82

MAYTIME	
Klassifizierung	Lilienblütige Tulpe
Erstzüchtung	1942
Höhe	47,5 cm

CHINA PINK	
Klassifizierung	Lilienblütige Tulpe
Erstzüchtung	1944
Höhe	50 cm

BURGUNDY	
Klassifizierung	Lilienblütige Tulpe
Erstzüchtung	1957
Höhe	47,5 cm

BALLADE	
Erstzüchtung	1953
Höhe	47,5 cm

ALADDIN	
Klassifizierung	Lilienblütige Tulpe
Erstzüchtung	1942
Höhe	50 cm

QUEEN OF SHEBA	
Klassifizierung	Lilienblütige Tulpe
Erstzüchtung	1944
Höhe	47,5 cm
Auszeichnungen	AM W 68

RED SHINE	
Klassifizierung	Lilienblütige Tulpe
Erstzüchtung	1955
Höhe	62,5 cm

WHITE TRIUMPHATOR	
Klassifizierung	Lilienblütige Tulpe
Erstzüchtung	1942
Höhe	70 cm
Auszeichnungen	HC W 82

GEFRANSTE TULPEN

Bis 1981 gehörten die wenigen Sorten dieser Gruppe größtenteils zu den Cottage- und Darwintulpen. Als erste entstand »Sundew«, eine Spielart der roten Darwintulpe »Orion«. Als nächste kamen »The Skipper«, ein Sport der Breedertulpe »Louis XIV.«, sowie zwei frühe Spielarten, »Arma«, ein Sport von »Couleur Cardinal«, und »Fringed Beauty«, ein Sport der gefüllten frühen Sorte »Titian«. Es sind die einzigen Frühblüher unter den gefransten Tulpen, die natürlich beide zwergwüchsig sind. Eine Zeitlang war man der Überzeugung, gefranste Tulpen entstünden ebenso wie Papageientulpen ausschließlich als Spielarten, doch Anfang der 50er Jahre tauchten einige Sämlinge auf.

Diese ersten Sämlinge waren nicht sehr erfolgreich. Zwischen 1959 und 1975 züchteten und präsentierten dann die Brüder Segers über 30 gefranste Tulpensorten, von denen viele die Basis für die heute erhältlichen gefransten Tulpen bildeten. Leider gaben die Brüger Segers 1975 das Geschäft auf, nachdem sie einen so wundervollen Beitrag zur Schönheit der Tulpen geleistet hatten. Als erste stellten sie 1959 »Swan Wings« in Reinweiß vor. Die kräftige »Burgundy Lace« (1961) ist weinrot mit kristallklarem Rand; seit es sie gibt, gehört sie meist zu den preiswertesten Sorten dieser Gruppe. Neben »Burgundy Lace« gibt es mit »Hellas« und »Red Wing« noch zwei gute rote Sorten. »Noranda« ist blutrot mit orange getuschten Rändern, und die matt spireenrote »Aleppo« ist an den Rändern und in der Mitte apricot.

BELLE FLOWER	
Klassifizierung	Gefranste Tulpe
Erstzüchtung	1970
Höhe	50 cm

Zu den robustesten unter den gefransten Tulpen gehört »Maja« in Dresdner Gelb bis Mimosengelb. Eine weitere gute gelbe Sorte ist »Laverock«, innen bariumgelb, außen kanariengelb. In Rosa gibt es die beiden guten Sorten »Belle Flower« (außen bengalischrosa, innen kirschrosa) und »Burns« (phloxpink). »Blue Heron« (violettpurpurn) und »Canova« (kobaltviolett mit purpurnem Einschlag) bieten zwei hervorragende Purpurtöne.

Eine beliebte neue Sorte ist »Fancy Frills«, deren Blütenblätter außen elfenbeinfarben mit bengalischrosa Rand sind und kristalline weißlichrosa Fransen haben. Meine Lieblingssorte ist »Johann Gutenberg«, deren Farbe schwer zu beschreiben ist und in jedem Katalog anders angegeben wird. Offiziell hat sie die Farbe roten indischen Lackes, doch treffender finde ich ein dunkles Karminpink mit primelgelben Fransen und einer hellbraunen Tuschung auf der gesamten Blüte.

Neben diesen neuen Sämlingen der Brüder Segers gibt es noch drei Sports von Darwinhybriden: »Fringed Apeldoorn« und »Fringed Golden Apeldoorn« sprechen für sich, und »Fringed Elegance« ist eine Spielart von »Jewel of Spring«. Alle drei gleichen in Farbe, Wuchseigenschaft und Langlebigkeit ihren Mutterpflanzen und wachsen unter den gleichen Bedingungen. Da es sich um relativ junge, sehr gefragte Züchtungen handelt, sind die erwähnten gefransten Tulpensorten etwas teurer als andere. Doch das dürfte sich bald legen, und einen Versuch sind sie gewiß wert.

BURGUNDY LACE	
Klassifizierung	Gefranste Tulpe
Erstzüchtung	1961
Höhe	65 cm
Auszeichnungen	AM W 70

FANCY FRILLS	
Klassifizierung	Gefranste Tulpe
Erstzüchtung	1972
Höhe	50 cm

FRINGED ELEGANCE	
Klassifizierung	Gefranste Tulpe
Erstzüchtung	1974
Höhe	60 cm
Auszeichnungen	AM H 74

VIRIDIFLORATULPEN

Bis 1981 gehörten die Viridifloratulpen zu den Cottagetulpen oder den einfachen frühen Tulpen. *Tulipa viridiflora* (gelb und grün) ist eine der Pseudospezies, die in der freien Natur nie zu finden waren; gezüchtet wird sie seit 1700. »Viridiflora praecox« ist größer, blüht früher und zeigt sich blaßgelb und grün; sie ist nicht sonderlich kräftig und daher recht teuer. Eine der ersten Hybriden war »Formosa« (gelb/grün), die 1926 mit dem Award of Merit ausgezeichnet wurde. Ihr folgten »Greenland« (grün/rosa) und »Pimpernel« (purpurrot/grün), die 1960 beziehungsweise 1961 den Award of Merit erhielten. 1947 wurde eine Zwergform namens »Artist« vorgestellt, innen lachsrosa und grün, außen purpurn und lachsrosa, die bis zu 28 cm hoch wird. Von ihr gibt es einige interessante Abarten: »Golden Artist«, goldorange mit grünen Streifen, und die rot-grüne »Hollywood«. Eine Abart von »Hollywood« ist »Esperanto« in chinesischrosa mit grüner Mittelrippe, die zu einem Rötlichbraun verblaßt; auch in den Blättern weicht sie ab und hat einen silbrigweißen Rand am grünen Blatt.

ARTIST	
Klassifizierung	Viridifloratulpe
Erstzüchtung	1947
Höhe	40 cm
Auszeichnungen	AM H 47

GREENLAND	
Klassifizierung	Viridifloratulpe
Erstzüchtung	1955
Höhe	50 cm
Auszeichnungen	AM H 60

Es gibt weitere hervorragende Viridiflorasorten: »Hummingbird« mit untersetzter Blüte auf kräftigem Stengel und breiter Flammung in Orchideengrün und Orchideengelb an den Rändern, und »Florosa«, außen mit einem weißen Grund, der in einen breiten pinkfarbenen Rand und eine lange grüngelbe Flammung übergeht. »Court Lady« ist grün-weiß, »Doll's Minuet« schimmernd purpurn mit grün. »Cherie« zeigt sich dunkelgelb mit grün und »Grasshopper« weiß, cremegelb und grün. Kanariengelb und grün leuchtet »Dancing Show«, während »Green Spot« grüne Streifen auf weißem Grund hat. »Green Eyes« ist grüngelb und spinatgrün, und »Groene Ridder« (manchmal als »Grüner Ritter« bezeichnet) präsentiert sich gelb-grün. Unter den neueren Sorten ist die preisgünstigste und wohl auch kräftigste »Spring Green« mit hübscher Blüte in Orchideengrün und breitem weißem Rand, die innen über Orchideengelb zu den Spitzen hin in Elfenbeinweiß übergeht.

COURT LADY	
Klassifizierung	Viridifloratulpe
Erstzüchtung	1956
Höhe	40 cm

SPRING GREEN	
Klassifizierung	Viridifloratulpe
Erstzüchtung	1969
Höhe	40 cm

Empfohlene Tulpensorten (einschließlich zweifarbiger Sorten)

KLASSE	NAME	JAHR	FARBE	AUSZEICHNUNGEN	HÖHE
1	Beauty Queen	1979	rosa/lachsfarben		40 cm
1	Kaiserkrone	1750	rot/gelb		35 cm
3	Abu Hassan	1976	mahagoni/gelb		50 cm
3	Alela	1980	elfenbeinfarben/rosa		45 cm
3	Annie Schilder	1982	pink/orange		50 cm
3	Happy Family	1985	purpurn/rosa		45 cm
3	Valentine	1970	purpurrosa/weiß		50 cm
4	Daydream	1980	ringelblumenorange		60 cm
4	Oxford's Elite	1968	orangerot/gelb		60 cm
4	Königin Wilhelmina	1965	rot/orange/gelb	FCC W 69	55 cm
5	Blushing Beauty	1983	rot/gelb		65 cm
5	Georgette	1952	gelbrot		50 cm
5	Magier	1951	weiß/violettblau		65 cm
5	Menton	1971	rosa/rot/orange		62,5 cm
5	Pandion	um 1950	purpurn/weiß	FCC H 54/ AM W 57	60 cm
5	Rose van Lima	1943	zartlila/lachsfarben		50 cm
5	Temple of Beauty	1959	lachsrosa		65 cm
6	Aladdin	1942	scharlachrot-gelb		50 cm

Empfohlene Tulpensorten (einschließlich zweifarbiger Sorten)

KLASSE	NAME	JAHR	FARBE	AUSZEICHNUNGEN	HÖHE
6	Elegant Lady	1953	creme/violettrot		50 cm
6	Queen of Sheba	1944	bräunlichrot/orange	AM W 68	47,5 cm
7	Aleppo	1969	rot/apricot		52,5 cm
7	Fancy Frills	1972	weiß/rosa		50 cm
7	Noranda	1971	rot/orange		52,5 cm
8	Esperanto	1968	grün/rosa/silber		30 cm
8	Greenland	1955	grün/rosa/creme	AM H 60	50 cm
8	Spring Green	1969	grün/elfenbeinfb./gelb		40 cm
10	Rococo	1942	karmin/scharlach	AM H 44	30 cm
11	Bonanza	1943	karmin/gelb	AM H 43	40 cm
11	Nizza	1939	gelb/rot	FCC H 49	50 cm
12	Ancilla	1955	rot/weiß/pink		20 cm
12	Cesar Franck	1940	karmin/gelb		30 cm
12	Corona	um 1943	rot/gelb	AM W 48	25 cm
12	The First	1940	karmin/elfenbeinfb.		25 cm
12	Franz Lehar	1955	schwefelgelb/rot		17,5 cm
13	Ballet	1952	rot/weiß/pink		25 cm
13	Dance	1952	rot/weiß/pink	AM W 54	25 cm
13	Grand Prix	1949	scharlachrot/gelb	AM H 49	45 cm
13	Rondo	1952	zinnoberrot/gold		40 cm
13	Salut	1955	karminrot/schwefegelb		25 cm
14	Cape Cod	1955	apricot/gelb		37,5 cm
14	Plaisir	1953	karmin/schwefelgelb		22,5 cm
14	Treasure	1963	mandarine/orange		20 cm
14	Yellow Dawn	1953	altrosa/indischgelb	HC W 66	22,5 cm
15	*hageri* splendens	1945	kupferbronze		20 cm
15	*praestans* Unicum	1975	paprikarot		30 cm
15	*tarda*		weiß/braun	AM H 37/AM W 70	10 cm

PAPAGEIENTULPEN

Im Gegensatz zu den anderen Gruppen dieses Kapitels galten die Papageientulpen immer als eigene Klasse. Obwohl sie in diesem Kapitel stehen, handelt es sich keineswegs nur um spätblühende Tulpen. Sie alle sind Spielarten anderer Sorten. Über ihren Ursprung ist wenig bekannt, außer daß sie sich nicht durch Samen vermehren lassen. »Admiral de Constantinople« und »Lutea major« gehen beide auf das Jahr 1665 zurück; »Perfecta« und »Markgraf« stammen von 1750. Eine Theorie, die ihren Ursprung auf einen Virus zurückführt, ließ sich bislang experimentell nicht erhärten. Im Gegensatz zu den anderen Klassen sind nicht alle Papageientulpen spätblühend. Eine der bekanntesten Sorten, »Karel Doorman«, eine Spielart der Triumphtulpe »Alberio«, hat selbst wieder zahlreiche Spielarten hervorgebracht. Andere Sorten sind Spielarten von Mendel- und Triumphtulpen.

FANTASY	
Klassifizierung	Papageientulpe
Erstzüchtung	1910
Höhe	55 cm
Auszeichnungen	FCC H 22/AM W 21

BLUE PARROT	
Klassifizierung	Papageientulpe
Erstzüchtung	1935
Höhe	60 cm
Auszeichnungen	AM H 35

Fünf Spielarten gibt es von einfachen frühen Tulpen: »Rex«, ein Sport von »Kaiserkrone«; »Rococo«, ein Sport von »Couleur Cardinal«; »Gemma«, ein Sport von »La Reine«; »Henrik Ibsen«, ein Sport von »Pluvia d'Oro«; und »Rosy Parrot«, ein Sport von »Ibis«. Auch von gefüllten frühen Tulpen gibt es drei Abarten: »Parrot Blossom«, ein Sport von »Peach Blossom«; »Rosy Cloud«, ein Sport von »Murillo«; und »Vesuvius«, ein Sport von »Scarlet Cardinal«. Anfangs ließen die meisten Papageientulpen die Köpfe hängen; ohnehin gab es nicht viele Sorten. 1910 trat mit der Einführung von »Fantasy« eine Änderung ein: Sie ist eine Spielart von »Clara Butt« und hat die gleiche lachsrosa Farbe, allerdings mit grünen Streifen. Diese Tulpe hat einen kräftigen Stengel und drei eigene Spielarten. Die meisten Papageientulpen haben weitgehend die gleiche Farbe wie die Mutterpflanze, wenn auch oft mit ein paar grünen Streifen. »Blue Parrot« ist ein Sport von »Bleu Aimable« und »Black Parrot« von »Phillipe de Comines«. Von »Karel Doorman« stammen »Apricot Parrot«, »Salmon Parrot« und »Vermillion Parrot« ab. »Orange Parrot« ist eine Spielart von »Orange Beauty«, »Red Parrot« von »Gloria Swanson«, »White Parrot« von »Albino« und »Yellow Parrot« von »Golden Harvest.«

ESTELLA RIJNVELD	
Klassifizierung	Papageientulpe
Erstzüchtung	1954
Höhe	60 cm

TEXAS GOLD	
Klassifizierung	Papageientulpe
Erstzüchtung	1944
Höhe	52,5 cm

Weitere interessante Sorten sind »Estella Rijnveld«, ein Sport von »Red Champion« mit gewellten weißen Blütenblättern und üppiger erdbeerfarbener Zeichnung, und »Flaming Parrot«, ein Sport von »Red Parrot«, milchiggelb mit rosaroter Flammung und Fiederung. »Orange Favourite« in altrosa getuschtem Scharlachorange mit apfelgrüner Fiederung ist eine Spielart von »Orange King«. »Red Champion« (leuchtend rot) stammt von »Bartington« ab. »Texas Gold«, ein Sport von »Ingelscombe Yellow«, ist hellgelb mit einem roten Streifen am Rand und hat wiederum drei Spielarten: »Texas Cocktail«, »Texas Fire« und »Texas Flame«, die auf dottergelbem Grund karminrot geflammt ist. »Bird of Paradise«, ein Sport von »Bandoeng«, ist eine starkwüchsige Sorte in Kardinalrot mit orangem Rand und hellgelbem Grund.

FLAMING PARROT	
Klassifizierung	Papageientulpe
Erstzüchtung	1968
Höhe	60 cm

Spring Pearl

WILDTULPEN

Heutzutage kommen Wildtulpen oder botanische Tulpen schon ab März zur Blüte. Manchmal blühen sie bereits im Februar und in einem besonders milden Jahr sogar schon im Januar; sie bringen Farbe ins Frühjahr und erfreuen das Auge. Manche Arten sind zwar schon seit gut 50 Jahren im Handel, doch erst jetzt sind sie im Preis so sehr gefallen, daß fast jeder Gartenfreund sie sich leisten kann.

Da sie früh blühen und erst im späten Herbst welken, lassen sich die Zwiebeln früher aus dem Boden nehmen als bei den meisten Tulpensorten; das gibt reichlich Gelegenheit für eine Sommerbepflanzung. Setzt man sie in ein Beet, getrennt von mittleren und späten Tulpen, dann kann man die Zwiebeln nacheinander aus dem Boden holen und die Beete für den Sommer bepflanzen. So hat man je nach Belieben viele Möglichkeiten für den Sommer.

Alle in diesem Kapitel beschriebenen Arten und Züchtungen sind robust; die meisten sind äußerst kräftig. Daher sind sie mittlerweile meist wesentlich preisgünstiger als viele der älteren Tulpensorten. Die drei in diesem Kapitel behandelten botanischen Tulpenarten sind Kaufmanniana-, Greigii- und Fosterianatulpen; alle kamen aus Zentralasien in den Westen, meist aus Turkestan. Von den Fosterianatulpen einmal abgesehen, haben einige der robusteren und kräftigeren Hybriden die ursprünglichen Arten weitgehend verdrängt und ersetzt. Zahlreiche Kreuzungen zwischen diesen drei Arten haben bemerkenswerte neue Tulpensorten hervorgebracht.

KAUFMANNIANATULPEN

Noch heute wird die ursprüngliche Kaufmannianatulpe gezüchtet. Sie ist äußerst kräftig und preisgünstig, neigt aber dazu, sich im Wind zu legen. An ihre Stelle sind weitgehend einige größere Hybriden getreten wie »The First« und »Elliott«. Wie der Name schon sagt, blüht »The First« meist als erste; sie ist größer und leuchtender als die ursprüngliche Spezies, aber ebenso kräftig, und hat eine lange rot-weiße Blüte von beträchtlicher Lebensdauer.

Die meisten Tulpenblüten öffnen sich in der Sonne und schließen sich nachts wieder. Kaufmannianatulpen, die sich besonders weit öffnen, werden auch als Seerosentulpen bezeichnet, und oft ist das Herz der geöffneten Blüten schöner als ihre Außenseite. Das gilt meiner Ansicht nach für »The First« mit ihrem langen, schlanken rot-weißen Äußeren nicht.

Als nächste blüht »Early Harvest«, eine meiner Lieblingssorten; sie ist eine von drei Neupräsentationen Rijnvelds aus dem Jahr 1966, die 1973 als einzige Kaufmannianatulpe der letzten Jahre den Award of Merit Hillegom erhielt. »Early Harvest« gehört sicher zu den blühfreudigsten der 760 Tulpensorten, die ich gepflanzt habe, und bildet zahlreiche Brutzwiebeln, die oft schon im folgenden Jahr blühen. Sie hat eine rötlichorange Blüte mit gelbem Rand und ist innen orange geflammt auf Gelb.

Kaufmannianasorten »Early Harvest« und »Showwinner«.

THE FIRST	
Klassifizierung	Kaufmannianatulpe
Erstzüchtung	1940
Höhe	25 cm

LOVE SONG	
Klassifizierung	Kaufmannianatulpe
Erstzüchtung	1966
Höhe	20 cm

Etwa fünf Tage später blüht »Love Song«. Diese Sorte hat viel Ähnlichkeit mit »Early Harvest«, sie ist außen aber etwas röter und hat einen schmaleren gelben Rand. Die Staubgefäße sind bei »Love Song« an der Basis violett, die Blätter haben eine leicht graue Tönung, und der Stengel ist unterhalb der Blüte grüner.

Die dritte Sorte, die Rijnveld 1966 präsentierte, ist die leuchtend scharlachrote »Showwinner«; sie stellt bei weitem die beste unter den frühen roten Sorten dar und ist kräftig und robust.

Drei rosafarbene Sorten verdienen hier Erwähnung: »Fritz Kreisler«, »Jeantine« und »Duplosa«. Unmittelbar vor, während und nach dem Zweiten Weltkrieg stellte die Firma van Tubergen eine Vielzahl von Kaufmannianatulpen vor, die mit Fosteriana- und Greigiitulpen gekreuzt waren. Die wohl schönste unter ihnen ist »Fritz Kreisler« in einem blassen Lachsrosa, leicht malvenfarben getuscht mit schmalem cremefarbenem Rand; das Zentrum ist gelb mit karminrotem Fleck. Sie ist größer als die meisten anderen Sorten und hat eine große Blüte, die den Einschlag der Fosterianatulpe deutlich erkennen läßt. Da »Fritz Kreisler« nicht viele Brutzwiebeln hervorbringt, ist sie relativ teuer.

CESAR FRANCK	
Klassifizierung	Kaufmannianatulpe
Erstzüchtung	1940
Höhe	30 cm

DUPLOSA	
Klassifizierung	Kaufmannianatulpe
Erstzüchtung	1955
Höhe	22,5 cm

»Jeantine«, eine weitere rosa Van-Tubergen-Züchtung, ist etwas kleiner, karminrosa mit hellerem Rand und goldenem Zentrum. Nach »Early Harvest« stellt sie die blühfreudigste Kaufmanniana-Hybride dar. Völlig anders und äußerst attraktiv präsentiert sich »Duplosa«, eine einzigartige halbgefüllte Sorte in Erdbeerrosa mit goldenem Zentrum; manchmal blüht sie als erste im Garten.

In der Gruppe der Kaufmannianatulpen gibt es mehrere schöne zweifarbige Sorten in Rot und Gelb. Zu den frühesten gehört meist »Cesar Franck« in Karminrot und Gold mit grünen Blättern; sie stammt von Rijnveld ab, während die übrigen von van Tubergen kommen. Die relativ preiswerte »Stresa« ist johannisbeerrot und indischgelb und wird manchmal als grell oder sogar schreiend bezeichnet, erfreut sich aber dennoch großer Beliebtheit. Die vollkommenste Blüte dieser Gruppe besitzt »Goudstuk« in dunklem Karminrot und Gold, eine der besten Züchtungen van Tubergens. Da auch sie nur zurückhaltend Brutzwiebeln produziert, liegt sie im Preis etwas höher als die meisten Sorten, allerdings niedriger als »Fritz Kreisler«. Wesentlich später blüht »Solanus«, die einer Fosterianatulpe ähnelt. »Corona« ist rot und blaßgelb und hat einen scharlachroten Streifen um das goldene Zentrum. Sie besitzt wohl das schönste Herz der Kaufmannianagruppe, abgesehen von »Joseph Kafka«, die die Firma van Tubergen einmal als ihre beste Hybride bezeichnete.

CORONA	
Klassifizierung	Kaufmannianatulpe
Erstzüchtung	um 1943
Höhe	25 cm
Auszeichnungen	AM W 48

BERLIOZ	
Klassifizierung	Kaufmannianatulpe
Erstzüchtung	1942
Höhe	20 cm
Auszeichnungen	AM W 39

Durch Kreuzungen haben viele Kaufmanniana- und einige Fosterianatulpen die gestreiften und gefleckten Blätter der Greigiitulpen. Unter den Kaufmannianatulpen besitzt »Franz Lehar« wohl die reizvollsten Blätter: Sie sind intensiv blau mit purpurnen Streifen. Leider wirken die rosa-weißen Blüten etwas farblos. Zwei spätere Zwergformen blühen rosa ab: Sie haben anfangs rot-weiße Blüten, die allmählich in Rosa übergehen. »Heart's Delight« mit schönen Blättern ist kräftig und sehr verbreitet. Die ebenfalls sehr beliebte »Ancilla« mit schönem Zentrum gedeiht auch im Zimmer gut.Verschiedene andere Züchtungen aus anderen Gruppen blühen ähnlich ab: bei den Fosterianatulpen »Dance«, »Zombie«, »Ballet«, »Mitella« und »Honorose« und bei den Greigiitulpen »Roseanna« und »Mary Ann«. Unter den späten Kaufmannianatulpen sind »Scarlet Baby« und »Berlioz« besonders bemerkenswert. »Scarlet Baby« mit hellgrünen Blättern und schöner gelber Mitte ist äußerst zuverlässig und kräftig, und die leuchtende, heitere »Berlioz« ist zwar außen rot gefleckt, wird aber manchmal als einfarbig golden beschrieben, da sie in vollerblühtem Zustand in der Sonne durchaus so wirkt.

FOSTERIANATULPEN

Als die Fosterianatulpen aus Zentralasien nach Westeuropa kamen, galten sie als recht variabel. Von diesen Importen wählte man verschiedene Klone aus. Die Classified List nennt »Princeps« als eine solche durch Selektion entstandene Sorte, doch viele halten eine andere für die bekannteste Fosterianatulpe: »Madame Lefeber« oder »Red Emperor«, aus der zahlreiche Hybriden hervorgegangen sind. Diese großblumige Tulpe mit einem Blütendurchmesser von etwa 25 cm blüht feuerrot mit schwarzem, gelbgerändertem Zentrum. Oft gilt sie als schönste aller Tulpen, und in guten Jahren bringt sie eine herrliche Blütenpracht hervor. Da der Stengel allerdings nicht ganz vollkommen ist, können starker Regen und Wind großen Schaden anrichten.

Diese Schwäche betrifft auch einige der größeren Hybriden von »Madame Lefeber«, darunter »Spring Pearl«, außen perlgrau mit leuchtend pinkfarbenem Rand und innen rosa mit gelbem Grund. »Solva« ist ähnlich, hat aber außen kein Perlgrau. Beide Sorten stammen von Rijnveld. Ähnlich rosa ist auch »Sylvia van Lennep«, hat aber eine schwarze Basis mit gelbem Rand. »Easter Parade« und ihre Spielart »Hit Parade« sind außen rot mit gelbem Rand und innen gelb. »Zombie« ist außen rot-weiß und innen gelb mit schwarz gerändertem roten Grund; sie blüht rosa ab und gehört zu einer Gruppe rosa abblühender Fosterianasorten, die Anfang der 50er Jahre von C.V. Hybrida gezüchtet wurden.

Diese sieben Tulpensorten sind alle schön, und ihre Züchtung lohnt sich. Wegen der schwachen Stengel sollte man sie in kleineren Gruppen pflanzen oder von Sorten mit stärkeren Stengeln umringen. Glücklicherweise sind extreme Niederschläge und Winde in den meisten Gegenden selten. Herausragend unter den Sorten mit stärkerem Stengel ist »Orange Emperor« in Karottenorange mit dottergelbem Zentrum und festem Stengel, eine der besten Sorten, die sich fast für jeden Standort eignet. Ich habe von dieser Sorte 340 Zwiebeln in meinem Hauptbeet gepflanzt.

SPRING PEARL	
Klassifizierung	Fosterianatulpe
Erstzüchtung	1955
Höhe	45 cm

ORANGE EMPEROR	
Klassifizierung	Fosterianatulpe
Erstzüchtung	1962
Höhe	50 cm

PURISSIMA	
Klassifizierung	Fosterianatulpe
Erstzüchtung	1943
Höhe	50 cm
Auszeichnungen	AM H 49

SWEETHEART	
Klassifizierung	Fosterianatulpe
Erstzüchtung	1976
Höhe	37,5 cm

Eine weitere hervorragende, wenn auch etwas hellere und vielleicht schwächere Züchtung ist »Orange Brilliant«, deren Farbe offiziell hellorange mit gelbem Grund ist.

Eine ebenfalls herausragend große Tulpe mit gutem Stengel ist van Tubergens »Purissima«, die oft als beste weiße Tulpe gilt, die je gezüchtet wurde; sie wird auch »White Emperor« genannt, ist milchweiß mit gelbem Herzen und trotzt dank ihrer exzellenten Form und Statur fast jeder Witterung.

Von dieser Sorte gibt es seit einiger Zeit zwei Spielarten: Die erste ist »Sweetheart« mit bariumgelbem Grund und elfenbeinweißer Spitze und erfreut sich seit ihrer Einführung im Jahr 1976 überaus großer Beliebtheit; vier Jahre später wurde »Yellow Purissima« vorgestellt, eine bariumgelbe Tulpe mit zart kanariengelbem Rand. Auch das Zentrum ist hellgelb.

Obwohl ich »Yellow Purissima« nur ein Jahr lang angepflanzt habe, denke ich doch, daß sie die beliebteste gelbe Tulpe dieser Gruppe ist.

CANTATA	
Klassifizierung	Fosterianatulpe
Höhe	27,5 cm
Auszeichnungen	AM H 42

SALUT	
Klassifizierung	Fosterianatulpe
Erstzüchtung	1955
Höhe	25 cm

Früher war die beste der größeren gelben Sorten »Candela«, obwohl noch einige andere diesen Anspruch erheben könnten. Von den größeren roten ist »Galata« hervorragend; sie gedeiht gut und kräftig. »Pinkeen« von van Tubergen ist anfangs kirschrosa, blüht aber dunkler rosarot mit gelbem Herzen ab. Meist ist sie die früheste der Fosterianatulpen.

Auch einige kurzstieligere Fosterianatulpen sind sehr zu empfehlen. »Princeps« z.B. ist ein scharlachroter Klon einer Wildart; trotz des Namens handelt es sich nicht um eine frühe Sorte, aber sie wächst gut und ist leuchtend rot. »Rockery Beauty« ist blutrot, noch zwergwüchsiger und später in der Blüte. Die beste dieser Gruppe ist wohl »Cantata« in lebhaftem Orangerot mit einer leicht hellbraunen Tönung in der Mitte der Blütenblätter, die über schimmernd apfelgrünen Blättern prangen.

Als nächstes möchte ich sechs Sorten von C.V. Hybrida ansprechen, die alle wesentlich niedriger sind als »Zombie«. Die ersten vier blühen rosa ab. Unter ihnen ist »Dance« mit dem schönsten Herzen unter den botanischen Tulpen zweifellos die beste: Es ist schwarz mit einem breiten, mitwachsenden Streifen in leuchtendem Scharlachrot und mit goldenen Staubgefäßen. Auch wenn die Blütenblätter rosa abblühen, bleibt ihre Schönheit erhalten. Auch »Ballet«, »Mitella« und »Honorose« blühen rosa ab; sie haben außen viel Ähnlichkeit mit »Dance«, allerdings nicht deren vollkommenes Zentrum. »Concerto« ist außen schwefelweiß und hat innen einen gelbgeränderten schwarzen Grund. »Salut« ist ähnlich, außen aber karminrosa mit schwefelweißem Rand und wohl kräftiger und robuster; sie ist einfach zu züchten.

In der Fosterianagruppe gibt es drei hervorragende zweifarbige Sorten in Rot-Gelb. »Reginald Dixon« ist scharlachrot mit goldenem Rand und innen zitronengelb mit rotgeflecktem schwarzen Grund; sie gedeiht am besten in schwerem Boden und ist eher teuer. »Rondo« und van Tubergens »Grand Prix« sind ähnlich in der Farbe, haben aber beide ein rotgeflecktes goldenes Zentrum. »Grand Prix« eignet sich besonders gut zur naturnahen Pflanzung und gedeiht praktisch an jedem Standort.

Durch Kreuzung sind einige Fosterianatulpen mit Greigiiblättern entstanden. Sechs davon stellte van Tubergen 1961 vor. Zwei von diesen sechs – »Toulon« und »Juan« – waren zu Beginn der 90er Jahre noch erhältlich. »Toulon« mit einem kürzeren, guten Stengel ist von beiden wohl die bessere: Sie ist lebhaft dunkelorange mit einer gelben, dunkelbraun geränderten Mitte und blaßgelben Staubbeuteln. Die Blätter sind herrlich rötlichbraun gestreift. »Juan« ist im Blattwerk sehr ähnlich, aber etwas größer, und unter gewissen Bedingungen läßt der Stengel zu wünschen übrig. Die Blüte hat ein etwas blasseres Orange als »Toulon« und einen ungewöhnlich großen gelben Grund.

RONDO	
Klassifizierung	Fosterianatulpe
Erstzüchtung	1952
Höhe	40 cm

TOULON	
Klassifizierung	Fosterianatulpe
Erstzüchtung	1961
Höhe	37,5 cm
Auszeichnungen	HC W 66

JUAN	
Klassifizierung	Fosterianatulpe
Erstzüchtung	1961
Höhe	40 cm

GREIGIITULPEN

Tulpen der Spezies Greigii gelangten schon vor den Kaufmannianatulpen nach Westeuropa. Die Grundspezies hat einen leuchtendorange Scharlachton und lebhaft gestreifte und gemusterte Blätter. Manchmal wirken die Streifen purpurn, manchmal braun. Zwei Variationen gibt es: »Greigii Aurea« ist gelb-rot, »Greigii Alba« weiß-rot. Obwohl die Greigiitulpen robust sind, bringen sie nicht sehr viele Brutzwiebeln hervor. Diese Art war nicht sehr beliebt, bis man vor etwa 40 Jahren mit einer Flut von Kreuzungen zwischen Greigii-, Kaufmanniana- und Fosterianatulpen begann. In der Klassifizierungsliste von 1990 sind über 220 Greigiitulpen erfaßt. Einige Sorten gedeihen in so schweren Böden nicht sehr gut, vielleicht weil Schnecken, die fast alle Tulpen mögen, eine besondere Vorliebe für Greigiizwiebeln und -blätter haben.

Eine große Ausnahme bildet die Sorte »Toronto«, die in jedem Boden kräftig gedeiht und hervorragend Brutzwiebeln bildet. »Toronto« ist einfarbig korallenrosa mit braungeflecktem gelbem Grund und mehreren Blüten pro Stiel.

Manche Tulpen wie »Jeantine«, »Grand Prix«, »Galata«, »Salut«, »Concerto« und »Compostella« bilden Sekundärblüten aus, doch »Toronto« ist eine echte mehrblütige Sorte. Es gibt einige Spielarten: So habe ich eine rote »Toronto«, die mit nur einer Zwiebel allerdings noch nicht etabliert ist. Eine sogenannte »Orange Toronto«, die eine Lücke in dieser Gruppe füllt, ist seit einigen Jahren im Handel.

Es gibt zwar einige attraktive orange Greigiitulpen, die aber anscheinend nicht sehr robust und offenbar vom Markt verschwunden sind. Die beste ist wohl »Orange Elite«, außen rosa mit orangem Rand, innen reinorange. »Compostella« ist auf gelbem Grund orange geflammt, während »Rocky Wonder« orange mit bronzefarbener Tuschung ist. Neben »Toronto«, die unter den rosafarbenen sicher die beste ist, gibt es noch andere gute Sorten. »Perlina« ist porzellanrosa mit gelbem Grund, »Salmon Joy« lachsrosa mit primelgelbem Rand außen und azaleenrosa mit weißem Rand innen. »Sweet Lady« hat die Farbe von Pfirsichblüten, und »Dreamboat« ist rot geflammt auf gelb und wirkt insgesamt pink. »Oratorio« ist apricot mit schwarzem Grund und hat äußerst reizvolle Blätter.

TORONTO	
Klassifizierung	Greigiitulpe
Erstzüchtung	1963
Höhe	30 cm

DREAMBOAT	
Klassifizierung	Greigiitulpe
Erstzüchtung	1953
Höhe	25 cm
Auszeichnungen	AM W 66

ORATORIO	
Klassifizierung	Greigiitulpe
Erstzüchtung	1952
Höhe	17,5 cm
Auszeichnungen	HC W 66

DONNA BELLA	
Klassifizierung	Greigiitulpe
Erstzüchtung	1955
Höhe	20 cm

ROSEANNA	
Klassifizierung	Greigiitulpe
Erstzüchtung	1952
Höhe	40 cm

Einige der leuchtendsten Greigiitulpen sind zweifarbig; die schönste ist »Roseanna«, die anfangs rot-weiß, später rosa ist. Im Inneren ist das Herz gelb mit einem roten Ring und bräunlichen Flecken; es blüht ebenfalls rosa ab. Jahr für Jahr bildet diese Sorte einen Blickfang. »Cape Cod« ist rötlichapricot mit gelbem Rand und einem schmalen Apricot-Mittelstreifen innen auf den Blütenblättern; das Herz ist schwarz mit einem rötlichapricot Ring. »Plaisir« ist innen wie außen rot mit schwefelgelbem Rand und hat eine schwarz-gelbe Basis. »Pinocchio« ist im Erscheinungsbild recht ähnlich, hat allerdings einen weißen Rand und ist preisgünstiger. »Yellow Dawn« hat eine vasenförmige, karminrosa Blüte mit senfgelbem Rand und eine gelbe Basis mit schwarzem und blutrotem Rand; sie wächst sehr gut und zuverlässig. »Carioca« ist in der Blüte »Yellow Dawn« sehr ähnlich, aber etwas größer und höher. »Golden Day«, eine der Sorten dieser Gruppe mit dem besten Wachstum, ist rot mit zitronengelbem Rand.

PLAISIR	
Klassifizierung	Greigiitulpe
Erstzüchtung	1953
Höhe	22,5 cm

Es gibt zwei zwergwüchsige Sorten, die aus dem Blattwerk zu wachsen scheinen: »Sun Dance« in Zinnoberrot mit safrangelbem Rand und »Treasure« in orange gerändertem Mandarinenrot. Viele dieser Sorten haben ein schönes Blatt; zwei mit ganz außergewöhnlichem Blatt, aber unscheinbarer Blüte sind »Donna Bella« und »China Lady«.

In dieser Gruppe gibt es so viele rotblühende Sorten, daß ich hier nur einige nennen kann. »Oriental Beauty« ist blutrot mit dunkelbrauner Basis, eine alte, gute Sorte, die mit zu den kleinsten zählt. »Majestic« ist ein scharlachroter Riese in der Größe eines Darwinhybriden. Ebenfalls gut bewährt haben sich »Cherubina«, »Dr. van Hesteren« und »Red Reflection«.

Von den übrigen größeren Greigiitulpen hat »Corsage« eine wunderschöne Blüte, aber einen etwas schwachen Stiel. Das gleiche gilt für die gelb-rote »Juri Gagarin«. Die beiden größten haben feste Stengel: »Margaret Herbst« (rot) und »Oriental Splendor« (rot-zitronengelb). Alljährlich werden ein oder zwei neue Greigiisorten angeboten.

Tarda

ANDERE WILDTULPEN ODER TULIPAS

Die meisten der hier aufgeführten Wildtulpen oder Tulipas kamen bereits vor 200, 300 oder 400 Jahren nach Westeuropa. Viele seriöse Tulpenzüchter merken in ihren Katalogen an, daß all ihre Wildtulpen in ihren Gärtnereien gezüchtet wurden, in vielen Fällen bereits seit langer Zeit.

All diese anderen Wildtulpenarten sind heute in ihrer Bedeutung hinter die im vorigen Kapitel behandelten Kaufmanniana-, Fosteriana- und Greigiitulpen zurückgetreten, obwohl sie nach wie vor für Kreuzungen Verwendung finden; doch noch 1970 bildeten *tulipa batalinii*, *eichleri*, *marjoletti* und *tubergeniana* und ihre Hybriden eine eigene Klasse in der Classified List. Diese vier sind heute in der Gruppe »andere Wildtulpen« zusammengefaßt.

Die Liste aus dem Jahr 1990 führt 205 Varietäten auf, von denen viele nur etwas für Kenner sind, da sie äußerst selten und – falls überhaupt erhältlich – extrem teuer sind. Meist werden sie kleine Spezies genannt, was für die meisten auch zutrifft, doch die Tubergeniana-Arten, ihre Hybriden, die wahre Riesen sind, und einige andere erreichen eine beträchtliche Größe.

Im Laufe der Jahre sind die Meinungen der Biologen über die genauen Verwandtschaftsbeziehungen und botanischen Verknüpfungen mancher dieser Arten weit auseinandergegangen. Auch bei Wildpflanzen gibt es erhebliche Variationen. In manchen Fällen beruhen die im Handel angebotenen Farben und Typen auf einer selektiven Auswahl, die in niederländischen oder englischen Zuchtbetrieben aus den vorhandenen Variationen getroffen wurde. Selbst ohne spezifische Kreuzungen bringen manche Sämlinge gewisser Arten extrem unterschiedliche Resultate hervor. Sicher werden auch hier in gewissem Maße Kreuzungen zwischen verschiedenen Arten gezüchtet. Man glaubt auch, daß in Persien, dem Ursprungsland vieler dieser Arten, in der Vergangenheit Kreuzungen gezüchtet wurden, obwohl dies kaum dokumentiert ist.

Als erste Tulpe dieser Gruppe blüht gewöhnlich *tulipa pulchella humilis*, bis vor relativ kurzer Zeit *Tulipa humilis* genannt. Heute wird sie meist mit dunkler violettpinker Blüte mit gelbem Zentrum angeboten, obwohl sie noch vor mehr als 60 Jahren als blaßrosa oder lila beschrieben wurde. *Tulipa pulchella* »Eastern Star« ist magenta mit einer bronzegrünen Flammung außen; *Tulipa pulchella* »Odalisque« ist blaßpurpurn. *Tulipa pulchella* »Persian Pearl« zeigt sich magentarosa mit grünlicher Färbung und *tulipa pulchella violacea* ist zyklamviolettpurpurn. Alle diese Züchtungen haben eine gelbe Basis, die bei *Tulipa pulchella violacea* auch schwarz sein kann. Ansonsten ist die Tulpe anderen Züchtungen ähnlich. Diese beiden Varietäten sind in der Classified List separat aufgeführt. Man nennt diese *Pulchella*-Züchtungen allgemein Krokustulpen.

PULCHELLA HUMILIS	
Klassifizierung	Andere Wildtulpen
Erstzüchtung	1982
Höhe	10 cm

PULCHELLA VIOLACEA	
Klassifizierung	Andere Wildtulpen
Höhe	10 cm

Als nächste blühen zwei weiße mehrblütige Züchtungen: *Tulipa biflora* und *Tulipa turkestanica*. Beide haben kleine weiße Blüten mit einem Hauch Grün. *Biflora* hat bis zu fünf Blüten pro Stiel und *turkestanica* bis zu neun. Zwei ausgesprochen zwergwüchsige Arten mit sehr ähnlichem Wuchsverhalten sind *tulipa urumiensis* (hellgelb) und *Tulipa tarda* (meist weiß). Ebenfalls mehrblütig sind *Tulipa hageri* »Splendens« (dunkelbronzefarben) und *Tulipa orphanidea* var. *flava* (hellbronzefarben), die aus verwandten Familien stammen; die erstere kann bis zu fünf Blüten pro Stiel entwickeln, die zweite meist weniger. *Tulipa polychroma* hat Ähnlichkeit mit *Tulipa biflora*, ist aber größer, blüht wesentlich später und ist erheblich teurer. Die leuchtendsten unter den kleinen mehrblütigen Arten sind die Varietäten und Hybriden der *Tulipa praestans*, die alle kräftig im Wuchs sind und bis zu sechs Blüten pro Stiel entwickeln. »Isphahan« ist orange, »Zwanenburg« – die größte dieser Gruppe – zinnober; die übrigen sind orange bis scharlachrot. »Fusilier« bildet schön geformte Blüten, während »Unicum« bunte Blätter mit schwefelgelbem Rand hat; in dieser Gruppe bietet »Van Tubergen's Variety« für ihren Preis am meisten.

TULIPA BIFLORA
Der Vergleich mit der Hybridtulpe im Bild zeigt, wie klein sie ist.

TULIPA BIFLORA	
Klassifizierung	Andere Wildtulpen
Höhe	17,5 cm

URUMIENSIS	
Klassifizierung	Andere Wildtulpen
Erstzüchtung	um 1932
Höhe	12,5 cm
Auszeichnungen	FCC W 70

PRAESTANS »FUSILIER«	
Klassifizierung	Andere Wildtulpen
Höhe	25 cm
Auszeichnungen	FCC H 42/AM W 66

TARDA	
Klassifizierung	Andere Wildtulpen
Höhe	10 cm
Auszeichnungen	AM H 37/AM W 70

Ebenfalls mehrblütig, aber in Blüte und Höhe wesentlich größer sind die Tubergenianahybriden, von denen Jan Roes zwischen 1951 und 1955 sechs vorstellte. »Oriental Queen« erhielt in Haarlem das First Class Certificate, und »Moustapha« und »Emir« erhielten den Award of Merit. Gleichzeitig bekamen die Tubergenianahybriden eine eigene Gruppe in der Classified List, die mittlerweile aber nicht mehr existiert; die meisten dieser Hybriden sind heute schwer zu bekommen. »Emir« ist orientalischrot, »Candidate« zinnober und »Keukenhof« scharlachrot. Alle werden sehr groß und schön mit bis zu fünf Blüten pro Stiel. Es ist sehr schade, daß sie nicht leichter zu bekommen sind.

Tulipa clusiana wird im Westen schon seit 1606 gezüchtet und stammt offenbar aus Persien; populärer ist die Bezeichnung Damentulpe. Sie wächst an vielen Stellen wild, was erstaunlich ist, da sie keine Samen bildet. Allerdings ist sie als Wildpflanze sehr variabel.

»Cynthia« hat einen chartreusegrünen Rand um die rote Blüte. Zur selben Gruppe gehört *Tulipa clusiana* var. *chrysantha*, außen karmesinrot, innen dunkelgelb. *Tulipa kolpakowskiana* ist karminrot mit gelbem Rand, *Tulipa whittallii* bronzeorange und hellbraun und *Tulipa hageri* rot mit grünlichem Zentrum. Die sehr kleinwüchsige *Tulipa celsiana* ist rot-gelb mit liegenden Blättern; die rote *Tulipa schrenkii* hat einen orange Rand. Wesentlich größer als diese werden *Tulipa eichleri* (scharlachrot), die mit *Tulipa fosteriana* verwandt sein soll; noch größer wird *Tulipa eichleri* »Excelsa«, die in der Größe noch übertroffen wird von *Tulipa marjolettii*, gelb mit rotem Rand. *Tulipa vvedenskyi* stammt aus Rußland, ist sehr groß und in Orange und Rottönen gehalten. Die erst 1980 vorgestellte Neuzüchtung *vvedenskyi* »Tangerine Beauty« ist groß und blüht erst im Juni; ihre aufsehenerregenden Blüten sind innen leuchtend orange und außen bräunlichgelb mit oranger Tuschung.

CLUSIANA VAR. CHRYSANTHA	
Klassifizierung	Andere Wildtulpen
Höhe	20 cm
Auszeichnungen	AM H 32/AM W 70

KOLPAKOWSKIANA	
Klassifizierung	Andere Wildtulpen
Höhe	15 cm

EICHLERI »CLARA BENEDICT«	
Klassifizierung	Andere Wildtulpen
Erstzüchtung	1956
Höhe	25 cm

LINIFOLIA	
Klassifizierung	Andere Wildtulpen
Höhe	12,5 cm
Auszeichnungen	AM H 32/AM W 70

Drei kleine lila Arten gibt es: *Tulipa saxatilis* (rosalila) blüht leider nur recht zaghaft; *Tulipa aucheriana* ist lilapink; wohl die beste von ihnen ist *Tulipa bakeri* »Lilac Wonder«. Auch fünf kleine rote maiblühende Arten gibt es: *Tulipa maximowiczii*, *didieri*, *mauritiana*, *ostrowskiana* und *wilsoniana*. Und schließlich kommen die Sorten *Tulipa linifolia* (scharlachrot) und *Tulipa batalinii* (zitronengelb) dazu. Die Klassifizierungsliste führt *batalinii* als mutmaßliche gelbe Form der *Tulipa linifolia* an. Beide bilden sicher leicht Hybriden, obwohl in der freien Natur bislang keine gefunden wurden.

Anfang des 20. Jahrhunderts züchtete W. R. Dykes zahlreiche Hybriden, die farblich von fast völlig gelb bis fast völlig rot reichten, aber weder benannt noch beschrieben wurden. 1952 wurden zwei Hybriden vorgestellt: »Bronze Charm« von van Tubergen und »Bright Gem« von Jan Roes. Kurze Zeite später entstanden zwei Spielarten von »Bright Gem«: »Apricot Jewel« und »Yellow Jewel«. Etwa um diese Zeit erhielt *Tulipa batalinii* eine eigene Gruppe in der Klassifizierungsliste. Diese vier Hybriden sind robuster als ihre Ursprungsart und wachsen an fast jedem Standort, während die ursprüngliche Spezies nur mit einer speziellen Drainage in naturnaher Pflanzung zufriedenstellend gedeiht.

1985 wurde die Neuzüchtung *Tulipa batalinii* »Red Gem« (oft »Red Jewel« genannt) vorgestellt. Sie scheint etwas weniger robust zu sein als die obengenannten vier Hybriden und sollte in naturnaher Pflanzung eine spezielle Drainage erhalten.

Die meisten Tulipas brauchen eine spezielle Drainage beziehungsweise ein Hochbeet oder einen Standort im Steingarten. Neben den bereits genannten vier *batalinii*-Hybriden eignen sich für eine naturnahe Pflanzung an fast allen Standorten *Tulipa biflopra*, *Tulipa turkestanica* und alle Sorten und Hybriden von *Tulipa praestans*.

BAKERI »LILAC WONDER«	
Klassifizierung	Andere Wildtulpen
Erstzüchtung	1971
Höhe	15 cm
Auszeichnungen	FCC H 77

BATALINII	
Klassifizierung	Andere Wildtulpen
Höhe	12,5 cm
Auszeichnungen	AM H 00/FCC W 70

Acuminata

SONDERFORMEN

BLÜTENFORM UND BLATTFARBE

Als Ogier de Busbecq 1554 erstmals Tulpen sah, schrieb er, daß sie wenig oder keinen Duft haben, aber um ihrer Schönheit und Farbenvielfalt willen bewundert werden. Die Türken legten großen Wert auf die Blütenformen, und das hat sich durch die Geschichte gehalten.

Zwar haben einige wenige starke Tulpensorten acht Blütenblätter in zwei Lagen, bei den meisten sind es jedoch sechs Blütenblätter in zwei Lagen. Die äußeren drei sind im allgemeinen an der Basis breiter und entspringen in einem rundlicheren Umriß aus dem Stengel, während die inneren an der Basis schmaler und keilförmiger sind. Bei den meisten Wildtulpen sind die Blütenblätter länglich und spitz zulaufend.

Die Türken bevorzugten die Lyra- oder Mandelform, bei der jedes Blütenblatt einem Dolch ähneln mußte. Die drei äußeren Blütenblätter mußten breiter sein als die inneren, aber alle sollten die gleiche Länge haben und sich gegenseitig berühren.

Die früheste bekannte Abbildung einer Tulpe erschien in Conrad Gesners *De Hortis* … (1561). In dem Maße, wie sich die Gartentulpen entwickelten, tauchten alle möglichen Formen auf. Holländische Breedertulpen hatten ursprünglich spitz zulaufende Blütenblätter, die mit der Zeit jedoch ebenso wie bei einer Reihe von einfachen frühen Tulpen ovaler oder eiförmiger wurden. Dagegen war die englische Breedertulpe wesentlich rundlicher; als Idealform galt eine hohle Halbkugel, wobei eine echte Halbkugel etwas flacher in der Wölbung ist, als es üblich oder erwünscht war; die typische Form lag zwischen einer Halbkugel und der Form eines Rotweinglases.

Man weiß, daß die Stengel gefüllter Tulpen anfangs nicht stark genug waren, um das Gewicht der Blüte zu tragen; sie waren daher nicht sonderlich geschätzt. Nirgendwo scheint festgelegt zu sein, wie viele Blütenblätter eine Tulpe haben muß, um als gefüllte eingestuft zu werden. Schon ab 1620 wurden Tulpen beschrieben, bei denen es sich möglicherweise um Papageientulpen handelte; mit Gewißheit tauchten sie jedoch 1665 auf, und zwei Sorten aus dieser Zeit werden heute noch gezüchtet. Gegen Ende des 17. Jahrhunderts waren sie allgemein anerkannt.

Papageientulpen haben gefranste Blüten und waren anfangs ebenso wie die gefüllten Sorten recht schwach im Stengel, der die Blüte nicht tragen konnte.

Jahrhunderteal sind auch die lilienblütigen Tulpen mit spitzen, nach außen gebogenen Blütenblättern. Erstmals vorgestellt wurde die Blüte mit zurückgebogenen Blättern von Vincent van der Vinne (1799–1879) aus Haarlem, der ihre Form als »fleur-de-lis« bezeichnete. Zahlreiche Kreuzungen mit Darwintulpen und einige mit Cottagetulpen haben mittlerweile viele attraktive Sorten hervorgebracht. Mit den Ende des vorigen Jahrhunderts eingeführten Darwintulpen kam eine neue Entwicklung auf. Im wesentlichen waren sie kelchförmig, am Blütenboden aber kantiger: Wo die Blütenblätter am Stengel entspringen, zeigen sie eine kantige Biegung.

In jüngerer Zeit erfreuen sich gefranste Tulpen großer Beliebtheit. Die frühen Sorten waren alle Spielarten, doch seit die gefransten Ränder der Blütenblätter so beliebt sind, werden auf diesem Gebiet ausgedehnte Züchtungen betrieben. Ebenfalls beliebt sind heute offene oder flache Sternformen, die man ursprünglich bei Wildtulpen fand und die ein Merkmal botanischer Hybriden sind, namentlich der Kaufmannianahybriden, die auch Seerosentulpen heißen.

Es gibt einige einzigartige Formen, vor allem die *Tulipa acuminata*, eine Cottagetulpe, die als Pseudospezies gilt, weil sie in der freien Natur nie gefunden wurde. Die langen, sehr schmalen und spitzen Blütenblätter münden in einer fast fadendünnen Spitze; die gelbe Maiblüte mit orangeroten Streifen wird bis zu 30 cm lang. Einzigartig und ausdauernd ist auch die späte Tulpe »Picture«, deren Blütenblätter die dicksten aller Tulpen sind: Sie sind leuchtend kirschrot, gefranst und leicht nach innen gerollt, was der Blüte eine faszinierende Form gibt. Obwohl sie sich deutlich von den Papageientulpen unterscheidet, ist sie auf die gleiche Weise entstanden, nämlich als Sport von »Princess Elizabeth«.

ACUMINATA	
Klassifizierung	Andere Wildtulpen
Höhe	45 cm

Vor einigen Jahren sind zwei Spielarten von »Apeldoorn« entstanden, die eine andere Blütenform aufweisen: »Exotic Bird« (1986) wird als zyklamförmig beschrieben und ist rot; »Apeldoorn's Favourite« ist eine halbgefüllte Sorte in Scharlachrot mit purpurner Tuschung. Eine weitere schöne halbgefüllte Sorte ist natürlich »Duplosa«, ein Kaufmannianahybride.

MEHRBLÜTIGE TULPEN

Schon 1917 erwähnte der Nomenklaturbericht der RHS die mehrblütigen Tulpen und gab als Beispiel »Monsieur S. Mottet« an, eine cremeweiße Sorte, die in der Classified List ohne Datum geführt ist. Dort gibt es noch eine weitere undatierte Sorte: »Wallflower« (purpurbraun).

Vorgestellt wurde sie von Nicholas Dames, der seine Züchtungen »Rose Mist« (weiß mit rosa Sprenkeln) und »Madame Mottet« (purpurrot) beide 1942 präsentierte.

GEORGETTE	
Klassifizierung	Einfache späte Tulpe
Erstzüchtung	1952
Höhe	50 cm

1952 stellte C.V. Hybrida »Claudette« (weiß mit rotem Rand) und »Georgette« (gelb mit rotem Rand) vor. »Georgette« hat zwei gute Spielarten hervorgebracht: »Trenette« (kardinalrot) und »Red Georgette« (hauchzart hellrot).

ORANGE BOUQUET	
Klassifizierung	Einfache späte Tulpe
Erstzüchtung	1964
Höhe	50 cm

1958 entstanden »Royal Command« (lackrot) und »Golden Fleece« (dottergelb). 1964 wurden »Orange Bouquet« (geranienrot) und »Fiery Bouquet« (erdbeerrot/tomatenrot) vorgestellt, 1975 »Modern Style« in Elfenbeinweiß mit zyklampurpurnen Flecken und Flammen und »Delphi« in Elfenbeinweiß mit rubinrotgerippten, kobaltvioletten Flammen. Sie geht beim Abblühen in Bläulichpurpur mit fuchsienroten Flecken auf weißem Grund über. Die genannten Sorten gehören heute zu den einfachen späten Tulpen. Mit der etwa zwei Wochen früher blühenden »Happy Family« in Rosa haben wir eine Sorte, die zu den Triumphtulpen zählt. Manche Kataloge führen einige Wildtulpen in dieser Gruppe an, z.B. die Greigiitulpen »Toronto« und »Silvia Warder« und einige Tubergianahybriden.

BLATTFARBE

Die große Mehrzahl der Tulpen hat grüne Blätter, die graugrün oder bläulichgrün sein können. Bei der Kaufmannianatulpe »Franz Lehar« sind die Blätter bläulich mit purpurnen Streifen.

Viele Wildtulpen haben schimmernde, leuchtend grüne Blätter wie etwa *Tulipa saxatilis*. Die wohl attraktivste dieser Gruppe ist die Fosterianatulpe »Cantata«, Klon einer Wildpflanze. Zur gleichen Kategorie gehört »Flaming Youth«; sie ist vielleicht nicht ganz so reizvoll und sicher weniger beliebt als »Cantata«.

Viele der hübschesten Blätter sind das Ergebnis von Kreuzungen mit *Tulipa greigii*, die Blätter mit attraktiv purpurbraunen Sprenkeln oder Streifen hat. Die schönsten Blätter finden sich bei einigen Hybriden aus Greigii- und Kaufmannianatulpen und aus Greigii- und Fosterianatulpen.

Tulipa micheliana und *Tulipa regelii* haben zwar ebenfalls Blätter mit Zeichnung, wurden aber nicht ernstlich zu Kreuzungsversuchen verwendet. Unter den Kaufmannianatulpen gibt es neben der erwähnten »Franz Lehar« noch »Heart's Delight« mit attraktiven Blättern; die schönsten Blätter haben die 1961 von van Tubergen gezüchteten Hybriden aus Fosteriana- und Greigiitulpen.

Herausragend sind hier »Juan« und »Toulon«. Erstaunlich ist, daß »Grand Prix« ein grünes Blatt ohne Zeichnung hat, obwohl diese Sorte vom selben Züchter stammt und ebenfalls eine Kreuzung aus Fosteriana- und Greigiitulpe ist; sie blüht auch wesentlich früher als die anderen. »Ontario« ist unter den Greigiihybriden meine Lieblingssorte, »Oratorio« hat eine ansprechende Blüte. Weitere schöne Sorten sind »Donna Bella« und »China Lady«.

NEW DESIGN	
Klassifizierung	Triumphtulpe
Erstzüchtung	1974
Höhe	45 cm

FRANZ LEHAR	
Klassifizierung	Kaufmannianatulpe
Erstzüchtung	1955
Höhe	17,5 cm

In den späten achtziger Jahren haben drei Spielarten eine völlige Veränderung gebracht, indem sie ein Blatt mit andersfarbigem Rand zeigten: »Esperanto« (1968), eine Spielart von »Hollywood«, hat Blätter mit silbrigweißem Rand; »New Design« (1974), ein Sport von »Dutch Princess«, hat anfangs einen deutlich rosa Blattrand, der später zu einem rosa angehauchten Weiß verblaßt; »Praestans Unicum« (1975), ein Sport von »Fuselier«, hat einen schwefelgelben Blattrand. Alle drei sind neue Spielarten mit attraktiven Blüten und Blättern.

PRAESTANS »UNICUM«	
Klassifizierung	Andere Wildtulpen
Erstzüchtung	1975
Höhe	30 cm

Dawnglow

VERMEHRUNG VON TULPEN

Tulpen vermehren sich auf drei Wegen: Die vegetative Fortpflanzung ist die Regel; die meisten Arten und Züchtungen lassen sich auch durch Samen vermehren, wenn es sich nicht gerade um unfruchtbare Sorten handelt; durch die vegetative Mutation oder die Spielart entsteht aus einer alten Züchtung eine neue. Früher hat man »gebroken« Tulpen als Mutation oder Sport angesehen; heute ist diese Form als Krankheit anerkannt.

Hat sich eine Varietät oder Züchtung einmal etabliert, bringt sie durch vegetative Züchtung weitere Tulpen derselben Sorte hervor. Neue Sorten lassen sich ausschließlich aus Sämlingen und durch Spielarten züchten. Bei der Mehrzahl handelt es sich um farbliche Abweichungen, wie es etwa bei den über 100 Spielarten von »Murillo« der Fall ist. Ein Sport kann allerdings auch eine völlige Formänderung zeigen, zum Beispiel wenn eine Sorte mit einfacher Blüte eine gefüllte Spielart hervorbringt. Andere wie »Apeldoorn« haben halbgefüllte Sports erbracht. Aus »Apeldoorn« ist zudem mit »Exotic Bird« eine Spielart hervorgegangen, deren Blüte als zyklamförmig beschrieben wird. Die ungewöhnlich geformte Sorte »Picture« ist ein Sport von »Queen Elizabeth«; unter den gefranste Tulpen gibt es zahlreiche Sports, und Papageientulpen sind ausnahmslos Sports. Die einfache späte Tulpe »Golden Harvest« hat zwei Papageien-Spielarten hervorgebracht: »Sensation« und »Yellow Parrot«. Mit »Ostara« ist aus ihr eine gefüllte späte Sorte hervorgegangen, die zitronengelb ist.

Die genaue Ursache für Spielarten oder Sports ist unbekannt, obwohl man auf diesem Gebiet ausgedehnte Experimente durchgeführt hat. Berichten zufolge soll ein Dr. de Mol aus »Red Champion« mittels Strahlenbehandlung die Papageientulpe »Estella Rijnveld« (Syn. »Gay Presto«) gezüchtet haben.

»Purissima« mit ihren Sports »Sweetheart« und »Candela«.

Eine Auswahl von Sports: »Daydream«, »Oxford's Elite«, »Oxford« und »Jewel of Spring«.

MORPHOLOGIE

Morphologie ist die Wissenschaft von der Gestalt und dem Bau der Pflanzen sowie der Strukturen, Korrespondenzen und Veränderungen, die sie bestimmen oder beeinflussen. Die ausgewachsene Tulpe besteht aus einer Zwiebel mit Wurzeln und einem Blütentrieb aus Stengel, Blättern und einer oder mehreren Blüten.

Die Zwiebel ist ein Spezialorgan zur vegetativen Fortpflanzung, das der Pflanze zugleich als Nahrungsspeicher dient. Der scheibenförmige Stamm der Zwiebel heißt Zwiebelboden. Die Nahrungsreserven werden in »fleischigen Schuppen« gespeichert, deren Zahl zwischen einer bei Jungpflanzen und bis zu sechs bei älteren variieren kann. Außen ist die Zwiebel von einer weiteren Spezialhaut umgeben, der Hülle. Abgestorbene Schuppen aus vorhergehenden Jahren hüllen die Tulpenzwiebel ein und schützen sie vor ungünstigen Umweltbedingungen.

Im Inneren der fleischigen Schuppen liegt der Spitztrieb der ausgewachsenen Zwiebel, der sich zum Blütentrieb entwickelt. In den Achseln der Zwiebelschuppen bildet sich die Ersatzzwiebel, die im nächsten Jahr die Aufgabe der Mutterzwiebel übernehmen wird. Dort können sich auch weitere kleine Zwiebeln bilden: die Brutzwiebeln als Mittel der vegetativen Fortpflanzung.

Ist die Tulpenzwiebel gepflanzt, drängt der Spitztrieb allmählich nach oben, bis er immer noch als solide Spitze aus dem Boden tritt. Hat er eine Höhe von etwa 2,5 cm erreicht, öffnet er sich der Länge nach und beginnt, sich zu einem allmählich breiter und flacher werdenden Blatt zu entfalten. Bald wächst spiegelbildlich zum ersten Blatt ein zweites, und zwischen diesen erhebt sich ein Mittelstengel, der schließlich in der Blütenknospe mündet. Eine Tulpe, die in diesem Jahr noch nicht blüht, bildet lediglich ein Einzelblatt aus, das Keimblatt. Die Züchter früherer Zeit nannten solche nichtblühenden Tulpen »Witwen«.

Wenn der Blütenstengel wächst, bilden sich weiter oben zwei oder drei Blätter, die schmaler und spitzer sind. Gewöhnlich trägt ein Stengel nur eine einzelne Blüte, bei einigen Sorten kann er sich jedoch in zwei oder drei Stiele mit Blüten unterschiedlicher Größe verzweigen. Bringt eine Zwiebel zwei oder mehr Stengel hervor, so entspringen sie vermutlich großen Brutzwiebeln, die man vor dem Pflanzen nicht entfernt hat.

Die einfach gebaute Blüte hat eine Hülle aus sechs Segmenten oder Blütenblättern, die zwar einen symmetrischen Kelch bilden, aber in zwei leicht unterschiedlich geformten Lagen zu je drei Blättern außen und innen angeordnet sind. Im Inneren der Blütenhülle befinden sich sechs Staubgefäße, bestehend aus großen Staubbeuteln am Ende der Staubfäden, die dem Grund der Blüte entspringen. Die Staubfäden münden in einer Spitze, die in eine Kerbe am Boden der Staubbeutel paßt; sie umringen einen großen dreifächrigen Fruchtknoten, der in der Regel keinen Griffel besitzt, sondern unmittelbar in der Narbe mündet. Diese kann in einer einfachen Fältelung bestehen oder sich als fast pelzige Reihe von Windungen ausbreiten, die den Fruchtknoten überlappen. Oft brechen die Staubbeutel der Tulpe schon auf, sobald die Blüte sich öffnet, und können Pollen abgeben; allerdings ist die Narbe erst zwei bis drei Tage später bereit, sie aufzunehmen.

Tulpenzwiebeln mit Mutter- und Ersatzzwiebeln.

Entwicklungsstufen vom Samen zur ausgewachsenen Pflanze über einen Zeitraum von sechs Jahren.

Fruchtkapseln mit Etikett

Viele Tulpen sind selbstbefruchtend, das heißt, die Pollen und Fruchtknoten derselben Blüte oder verschiedener Blüten desselben Klons können den Samen produzieren. Es kann auch zu einer normalen Kreuzung zwischen Samen verschiedener Pflanzen derselben Art kommen. Wenn es eine Vereinigung zwischen unterschiedlichen Sorten derselben Art ist, sollte man den Abkömmling eine Kreuzung nennen; das Ergebnis der Vereinigung zweier unterschiedlicher Arten bezeichnet man als Hybride. Diese Bezeichnungen werden allerdings recht freizügig gehandhabt. Bislang müssen wir noch viel über Hybriden verschiedener Tulipa-Arten lernen, während die zahlreichen Sorten, die wir Gartentulpen nennen, untereinander meist recht fruchtbar sind.

Nach der Befruchtung produziert die Tulpe ihre Frucht, die sich aus dem oberen Fruchtknoten in Form einer Kapsel bildet, in der zwei horizontale Lagen flacher Samen an den gewölbten Außenrändern hängen. Wenn die Samen reifen, bricht die Kapsel leicht auf, und die Samen fallen heraus.

Wenn die Blüte vorüber ist, das Laub zu welken beginnt und die Zwiebeln aus dem Boden geholt werden, kann man die Hülle entfernen; man sieht dann, daß sich an Stelle der alten Mutterzwiebel eine neue Ersatzzwiebel sowie einige Brutzwiebeln gebildet haben. Die Ersatzzwiebel ist schon im folgenden Jahr blühfähig, während die kleineren Brutzwiebeln sich zur Blüte in ein oder zwei Jahren eignen. Diese Brutzwiebeln entwickeln sich aus den Knospen im Zwiebelboden der Mutterzwiebel.

Sämlinge und Erdsprosse

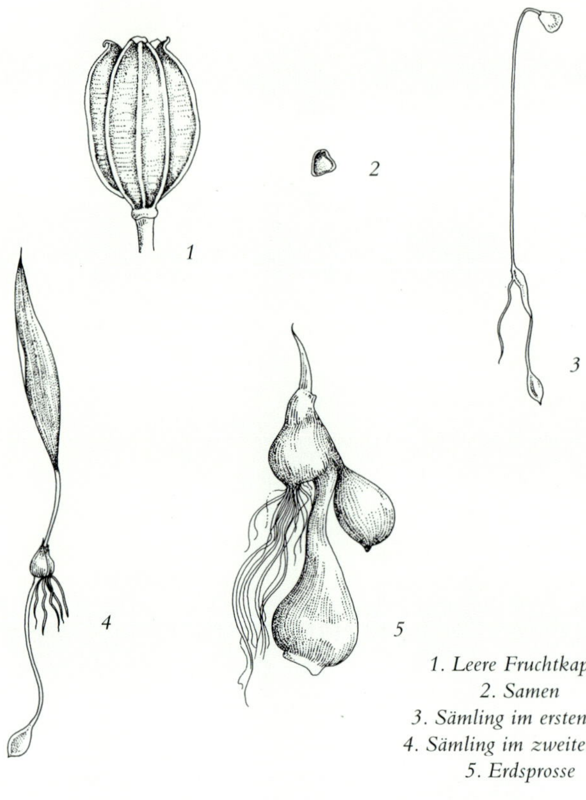

1. Leere Fruchtkapsel
2. Samen
3. Sämling im ersten Jahr
4. Sämling im zweiten Jahr
5. Erdsprosse

BESONDERS EMPFEHLENSWERTE TULPEN IM OBEREN PREISNIVEAU

KLASSE	NAME	JAHR	FARBE	AUSZEICHNUNGEN	HÖHE
1	Silver Standard	1637	weiß/rosarot		27,5 cm
4	Canopus	1945	rot		57,5cm
4	Tender Beauty	um 1951	weiß/rosarot	AM W 54	50 cm
5	Picture	1949	lilarosa		50 cm
6	Picotee	1895	weiß/pink		47,5 cm
7	Johann Gutenberg	1970	lackrot/weiß		65 cm
8	Viridiflora praecox	nach 1700	gelb/grün		45 cm
12	Fritz Kreisler	1942	pink/malve/schwefelgelb	AMH 42/FCC W 66	35 cm
12	Goudstuk	1952	karmin/gold	AM W 66	30 cm
12	Duplosa	1955	erdbeerrot		22,5 cm
13	Reginald Dixon	1955	scharlach/gelb		37,5 cm
14	Sweet Lady	1955	pfirsichblütenfarben		22,5 cm
15	*aucheriana*		malvenlila	AM W 70	30 cm
15	*polychroma*		weiß/violett		15 cm
15	*celsiana*		gelb/bronze	AM W 70	12,5 cm

Alle neuen Zwiebeln lassen sich als Klone bezeichnen, da sie durch ungeschlechtliche Fortpflanzung entstanden und daher neue Teile einer alten Pflanze sind. So lassen sich aus einer einzigen Zwiebel viele Millionen praktisch identische Tulpen ziehen; das ist das System der vegetativen Fortpflanzung.

Aufbau der Tulpenzwiebel

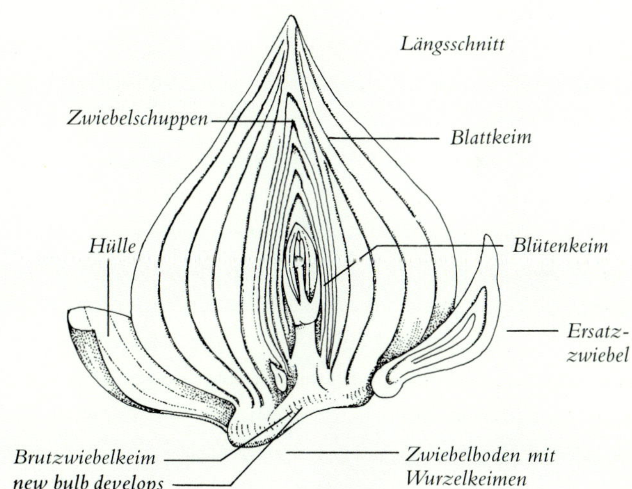

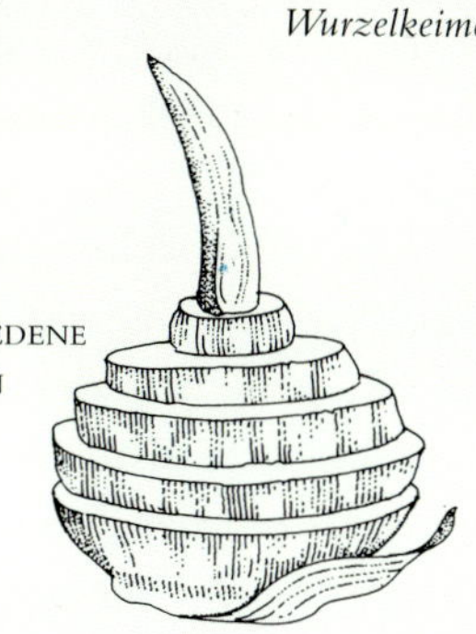

Schnitt durch verschiedene Schuppenschichten

ZUCHT UND SAAT

Samlinge gedeihen besser, wenn dem Gartner ein kuhles Gewächshaus zur Verfügung steht. Obwohl Tulpenfeuerbefall heute nicht mehr so ein großes Problem darstellt wie früher, kann man im Gewächshaus erheblich leichter Tulpensorten zusammenbringen, die zu sehr unterschiedlichen Zeiten blühen, indem man sie in Töpfen zieht. Oft ist es einfacher, früher blühende Pflanzen als Samenträger zu verwenden und später blühende als Pollenträger, da die Pollen gewöhnlich mindestens drei bis vier Tage, bevor die Narbe aufnahmebereit ist, verfügbar sind.

Die Staubbeutel der weiblichen Mutterpflanze knipst man vorsichtig mit einer Pinzette ab und wirft sie weg. Dann hüllt man Narbe und Fruchtknoten in einen lockeren Wattebausch, um sie vor dem zufälligen Eindringen von Pollen zu schützen. Nun entfernt man den Ring und kann die Blütenblätter über dem Wattebausch schließen, um ihn zu fixieren und zu sichern. Erst nach einer Woche und länger ist die »kastrierte Blüte« zur Befruchtung bereit. Die Staubbeutel der männlichen Pflanze müssen entfernt werden, bevor die Pollen freigesetzt werden oder Bienen und andere Insekten fremde Pollen eingeschleppt haben.

Dies geschieht auf die gleiche Weise wie bei der weiblichen Pflanze; allerdings verstaut man sie vorsichtig, bis die Narbe der weiblichen Pflanze zur Aufnahme der Pollen bereit ist, erkennbar an ihrem klebrigen, glänzenden Aussehen. Nun überträgt man die Pollen der männlichen Mutterpflanze am besten mit einem Haarpinsel auf die Narbe der weiblichen, bis diese völlig bedeckt ist. Ist die Narbe empfängnisbereit, bleiben die Pollen leicht an ihr haften. Sollte dies noch nicht der Fall sein, wiederholt man den Vorgang nach ein oder zwei Tagen. Den Wattebausch setzt man anschließend wieder ein. Am nächsten Tag sollte man nachschauen, ob die Befruchtung erfolgt ist; in diesem Fall hat die Narbe ihre Farbe geändert und ist getrocknet.

Nun wartet man die Samenentwicklung ab. In dieser Zeit sollte man die Töpfe behutsam gießen, jedoch allmählich trocknen lassen und insgesamt ein trockenes Klima schaffen. Die Samenkapsel schwillt rasch an und muß ausreifen.

Wann man die Samen aussäen soll, hat zu Diskussionen Anlaß gegeben. Die alten englischen Züchter warteten das nächste Frühjahr ab, während Sir Daniel Hall überzeugt ist, daß der Herbst eindeutig vorzuziehen sei und man am besten gleich nach der Reife säen sollte. Man füllt die Keimgefäße etwa 75 Millimeter hoch mit gut krümeliger Erde, läßt den Samen 24 Stunden in Wasser einweichen und sät ihn 6 Millimeter tief aus. Anschließend deckt man die Keimgefäße mit einer Glasscheibe ab, um die Feuchtigkeit zu bewahren, und stellt sie an einen schattigen Ort, etwa unter eine Hecke oder Mauer oder in ein Frühbeet. Wichtig ist, daß die Erde niemals austrocknet. Auf Frostschutz sollte man verzichten, da die Samen nach einem Frost meist besser keimen. Normalerweise sollten sie im Spätherbst oder in den ersten Monaten des Jahres zu keimen beginnen und die zarten, binsenähnlichen Keimblätter bilden, die die leere Samenhülle auf der Spitze tragen. Sobald der Keimvorgang begonnen hat, kann man die Keimschalen in ein Frühbeet setzen; man sollte aber sorgsam auf die Belüftung achten, sonst könnten viele Sämlinge an der Umfallkrankheit eingehen. Aus diesem Grund sollte man auch weiterhin von unten gießen.

Wenn die Keimblätter zu welken beginnen, sollte man die Keimschalen einige Wochen völlig austrocknen und in der Sonne stehenlassen. Ende Mai kann man nun die einjährigen Zwiebeln aufnehmen, in Sand lagern und zu Herbstanfang 75 Millimeter tief in einen Kasten pflanzen, der 12,5 cm hoch mit leichter Erde gefüllt ist. Auch hier ist wieder entscheidend, daß die Kästen nie austrocknen, aber auch nicht zu naß werden.

SAXATILIS	
Klassifizierung	Andere Wildtulpen
Höhe	15 cm
Auszeichnungen	AM W 1896

MRS JOHN T. SCHEEPERS	
Klassifizierung	Einfache späte Tulpe
Erstzüchtung	1930
Höhe	60 cm
Auszeichnungen	FCC H 31

Wichtig ist der Schutz vor Tulpenfeuer. Wieder setzt man die Kästen nach draußen, holt die Zwiebeln später aus dem Boden und pflanzt sie zum dritten Mal in Kästen.

Im vierten Jahr pflanzt man die Zwiebeln ins Freiland auf ein gut vorbereitetes Beet, das bis zur Pflanzzeit Anfang Herbst ständig gelockert wird. Unter normalen Bedingungen blühen einige Pflanzen bereits im fünften Jahr, die Mehrzahl erst im sechsten, in dem man die gesamte Partie ausgräbt und eine erste Auswahl trifft. Allerdings sollte man im ersten Jahr die Auswahl nicht allzu streng treffen, da die Pflanzen in dieser Zeit noch keine Gelegenheit hatten, ihr Bestes zu geben; nur offensichtlich unbrauchbare Zwiebeln sollte man aussondern. Mit jedem weiteren Jahr wird man einige Sorten als Mißbildungen aussortieren, doch ob eine neue Sorte eine gute Konstitution hat, läßt sich erst nach zwei oder drei Jahren entscheiden.

POLYPLOIDIE

In den letzten Jahren haben Botaniker hart daran gearbeitet, die Chromosomenzahl mehrerer 100 Tulpenarten und -züchtungen festzustellen. Bei vielen gibt die Classified List die Chromosomenzahl an.

Die Grundzahl haploider Chromosomen ist bei Tulpen 12, in der Mehrzahl sind Tulpen diploid ($2n = 24$). Bei den Tulipas gibt es einige Fälle, in denen die Grundzahl der Chromosomen erhöht oder verringert ist: So wurde bei *Tulipa maximowiczii* eine Reduktion auf 11 Chromosomen, also $2n = 22$ festgestellt. Bei *Tulipa lanata* variiert die Chromosomenzahl erheblich zwischen $2n = 22$, $2n = 24$ und bei manchen $2n = 36$.

Der größte Teil der Gartentulpen ist offenbar diploid, allerdings nimmt die Zahl der triploiden (36 Chromosomen) von Jahr zu Jahr zu. Die robusten und kräftigen Darwinhybriden sind von zwei Ausnahmen abgesehen alle triploid, ebenso einige einfache frühe Tulpen und einige Triumphtulpen.

Die KAVB hat die Abstammungslinien vieler Tulpensorten veröffentlicht. Sie zeigen, daß Kreuzungen zwischen zwei diploiden Mutterpflanzen häufig und wiederholt triploide Sämlinge hervorbringen. Heutzutage enthält die Klassifizierungsliste zahlreiche triploide Tulpen. Zu ihnen gehören die alte Cottagetulpe »Inglescombe Yellow« und ihre Spielarten. In der Liste der triploiden Tulpen finden sich lediglich sechs Wildtulpenarten; unter den tetraploiden, denen nur relativ wenige Gartentulpen angehören, sind es dagegen neun.

Lange hat man geglaubt, Polyploidie bringe tendenziell starke, robuste Tulpen hervor – eine Hypothese, die sich bisher nicht mit Gewißheit hat erhärten lassen.

TURKESTANICA	
Klassifizierung	Andere Wildtulpen
Höhe	22,5 cm

SYLVESTRIS	
Klassifizierung	Andere Wildtulpen
Höhe	27,5 cm

Tulpenfelder bei Lisse, Niederlande.

TULPENKULTUR

Tulpen sprechen gut auf eine normale gute Kultur und Pflege an; mit einigen Problemen befaßt sich dieses Kapitel.

Zunächst muß man sich entscheiden, welchen Zweck Tulpen in erster Linie erfüllen sollen. Man kann sie zur Gartengestaltung, als Schnittblume oder als Zimmerpflanze ziehen, vielleicht auch als Kombination dieser drei Funktionen. Für eine Kombination ist es am besten, die Ziertulpen in eines der Hauptbeete in Hausnähe zu setzen und die Schnittblumen ins Gemüsebeet. Obwohl dieses Buch sich vornehmlich mit der Gartengestaltung befaßt, möchte ich versuchen, alle drei Zwecke zu behandeln und sogar noch einen vierten, nämlich die Zwiebelproduktion.

Als nächstes muß man sich entscheiden, welche Art von Blüten man haben möchte: große oder kleine, frühe oder späte, niedrige oder hohe. Hinzu kommt die Frage nach den Farben und Formen. Die Hauptlieferanten geben von Frühjahr bis zum Frühherbst Kataloge heraus. Zwiebeln sollten im frühen Herbst eintreffen. Einige Ratschläge zu geeigneten Züchtungen finden sich in den Kapiteln zu den jeweiligen Tulpenklassen sowie im vorigen Kapitel.

Zwiebeln werden nach ihrem Umfang in Zentimetern gemessen und verkauft. Eine Zwiebel Größe 10 hat einen Durchmesser von etwa 10 cm. Für gute Ergebnisse empfiehlt man Größen 11 und 12, wobei sich Größe 12 für die Zimmerkultur eignet. Botanische Tulpen oder Wildtulpen bilden eine Ausnahme von dieser Regel, sie sind nicht größer als 3 oder 4.

Normalerweise werden Zwiebeln mit einer braunen Außenhaut angeboten. Bei manchen Züchtungen reißt diese Haut leicht ein, was an sich nichts ausmacht, aber das Eindringen von Pilzen oder Krankheitserregern ermöglicht. Solche Zwiebeln sollte man sich genau ansehen. Zwiebeln mit eingerissener Außenhaut bekommen leicht Verletzungen; die Niederländer sagen, man solle sie behandeln wie rohe Eier.

In einem Beet sollte man Tulpen allein oder mit Frühlingsblühern wie Goldlack, Vergißmeinnicht, Arabis, Lobelien oder Stiefmütterchen pflanzen. Auch in eine Rabatte kann man sie setzen. Da viele Gärtner geschwungene Linien bevorzugen, lassen Tulpen sich auch gruppenweise in Kreisen, Ovalen oder Halbmonden anordnen. Das ist eine Frage des persönlichen Geschmacks; eine rechteckige Anordnung erlaubt meist, ein Maximum an Zwiebeln zu pflanzen.

Normalerweise holt man Tulpenzwiebeln jedes Jahr aus dem Boden und pflanzt sie im Herbst wieder ein. Für die meisten Tulpen ist das gut: Sie sind wesentlich mobiler als Narzissen.

Narzissen sind die einzigen Blumen, die ich in größeren Mengen zusammen mit meinen Tulpen pflanze: Sie passen sehr gut zusammen. Tulpen sollte man nicht vor der Herbstmitte pflanzen, wenn die Narzissen bereits alle gesetzt sind.
Vor der Arbeit sollte man daran denken, daß man zwischen April und Juni meist die doppelte Zeit braucht, um die Tulpenzwiebeln wieder aus dem Boden zu holen.

Das Pflanzen beginnt.

PFLANZEN

In nördlichen Breiten, also nördlich des 30. Breitengrades, ist die ideale Pflanzzeit für Tulpen Oktober und November. Eine frühere Pflanzung erhöht das Risiko eines Krankheitsbefalls. In Australien und Neuseeland verschiebt sich diese Zeit um etwa sechs Monate: Dort beginnt der Herbst im März und der Frühling im September. In wärmeren Gegenden ist die Pflanzzeit flexibler; allerdings sollte man die Zwiebeln gut acht Wochen vor dem Pflanzen bei etwa 5 °C aufbewahren. Das gilt für die Südstaaten der USA und Nordaustralien.

Zunächst ist der Boden gründlich umzugraben, vorzugsweise bis zu einer Tiefe von 45 cm. Tulpen brauchen einen gut entwässerten Boden, wobei zwischen einer normalen und einer speziellen Dränage für bestimmte Züchtungen zu unterscheiden ist. Die meisten modernen Hybriden kommen in jedem normalen Garten gut zurecht; falls jedoch die Gefahr besteht, daß die Zwiebeln in Staunässe stehen, sollte man in einer Tiefe von etwa 45 cm etwas Schotter oder Kies zugeben, bevor man den Boden wieder auffüllt. Eine spezielle Drainage muß gründlicher angelegt werden. Ich habe einige Betonbruchstücke von einem alten Gartenweg benutzt, die ich rund um meine Beete als 25 bis 30 cm breiten Randstreifen in etwa 35 cm Tiefe ausgelegt habe, bevor ich die Erde wieder aufgefüllt habe. Zerbrochene Ziegelsteine, Fliesen oder Dachziegel erfüllen diesen Zweck ebensogut.

Alle Pflanzen brauchen Nährstoffe, doch da Tulpen keine Starkzehrer sind, sollte man sie nur zurückhaltend düngen. Nie sollte man frischen Mist verwenden, und selbst gut verrotteten Mist nur äußerst sparsam. Hilfreich ist eine leichte Humusgabe, wozu man lange Jahre Torf bevorzugt hat. Heute warnen Umweltschützer, daß ein übermäßiger Torfabbau irreparable Schäden anrichtet. Ersatzstoffe für Torf sind Rindenmulch, Perlit, verrotteter Laubkompost, Gartenkompost oder ein faseriges Lehmgemisch. Auch Holzasche ist förderlich.

Wenn man Kunstdünger einsetzt, eignen sich vor allem Superphosphate oder Kaliumsulfat. Fertigdünger sollten nicht mehr als fünf Prozent Stickstoff enthalten. Sehr gut geeignet sind auch Knochenmehl oder Huf- und Hornspäne.

Spezielle Drainage.

Zum Pflanzen verwendet man einen Spaten bei Gruppenpflanzung oder eine Pflanzkelle für einzelne Zwiebeln. Manchmal benutzt man auch einen Pflanzstock oder spezielle Geräte zum Pflanzen einzelner Zwiebeln, mit denen man ein zylinderförmiges Stück Erde aussticht. Nachdem man die Zwiebel gepflanzt hat, gibt man die ausgestochene Erde wieder in das Pflanzloch, manchmal mit Hilfe eines Griffs, der die Erde aus dem Hohlraum schiebt, wenn sie klebt.

Tulpen sollte man nie in Gras setzen: Einige überleben zwar, aber sie gedeihen nicht. In Lehm und schweren Böden pflanzt man Tulpen 8 bis 10 cm tief, in leichteren Böden 3 bis 5 cm tiefer.

Ich ziehe es vor, die obere Erdschicht mit dem Spaten bis zur erforderlichen Tiefe ganz abzuheben, die Zwiebeln auszulegen, leicht mit Erde zu bedecken und mit Knochenmehl zu bestreuen, ehe ich die restliche Erde wieder auffülle.

Wichtig ist genügend Platz zum Gehen zwischen den Blütenständen. Wenn die Blüten sich öffnen, muß man alle aus der Art schlagenden Pflanzen oder Rembrandt-Tulpen mit farbigem Band, Wolle oder Bast kennzeichnen. Manch ein Gärtner nimmt auch Schildchen zur Markierung der Sorten oder erstellt eine Skizze. Möchte man Zwiebeln nicht jedes Jahr aus dem Boden nehmen, dann sind sie tiefer zu setzen, vielleicht 28 oder 30 cm tief.

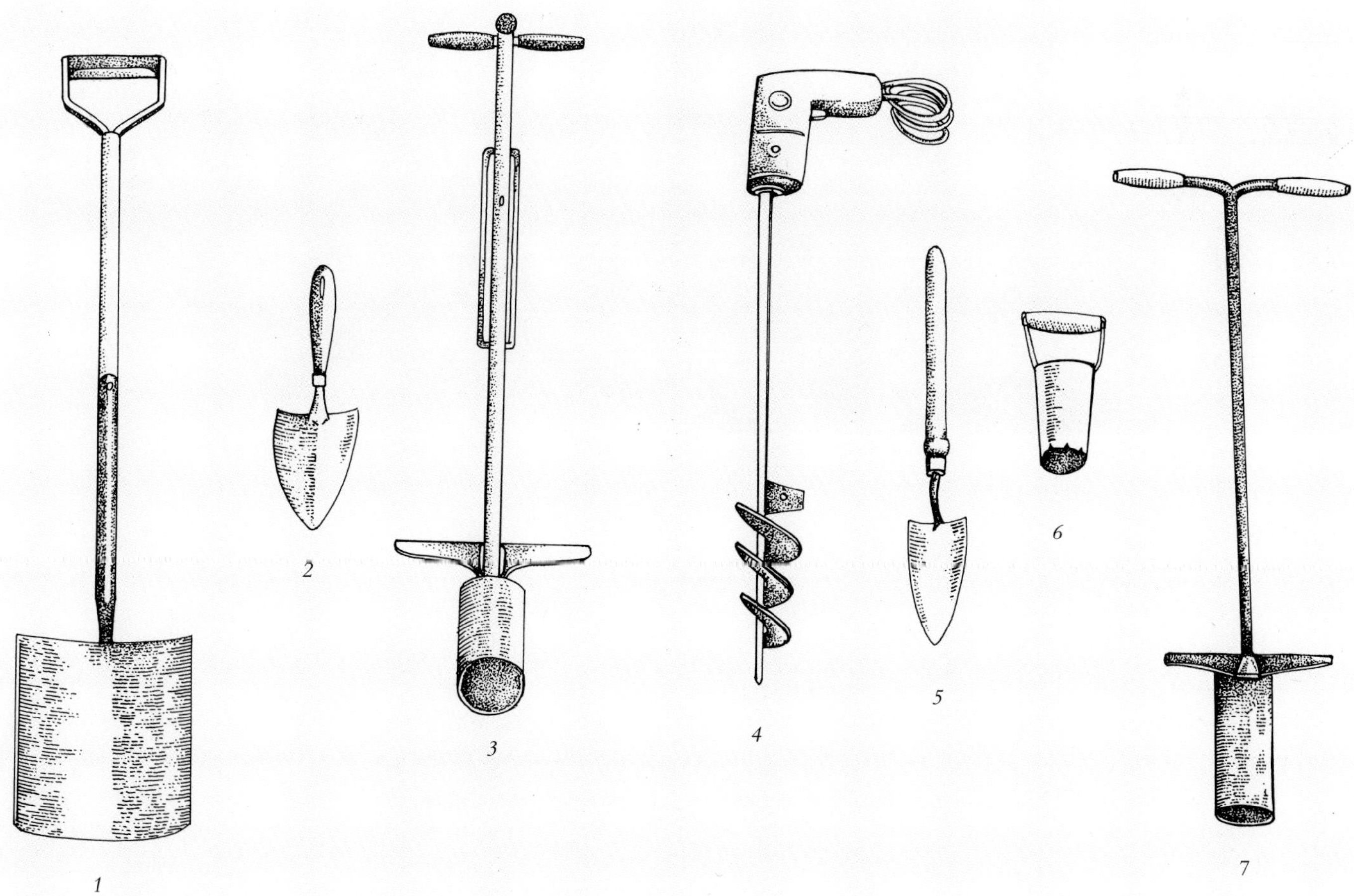

Im Handel erhältliche Pflanzgeräte: (1) Spaten, (2, 5) kurze und lange Pflanzkelle, (3, 6, 7,) großer und kleiner Pflanzstock, (4) Schneckenbohrer zur tiefen Pflanzung von Zwiebeln.

Schnittulpen vom Blumenzüchter.

Tulpen als Schnittblumen

Als Schnittblumen fürs Haus oder eine Ausstellung pflanzt man Tulpen am besten in einen Teil des Gartens abseits von den Zierbeeten oder in den Gemüsegarten. Nach alter Tradition legt man die Reihen 85 bis 100 cm breit an. Viele Gärtner grenzen sie mit kreosotgestrichenen, 20 cm hohen Brettern ab, die in 4,5 m Abstand durch Querbretter gestützt werden. Durch den verbreiteten Einsatz systemischer Fungizide kann man inzwischen Jahr für Jahr denselben Boden verwenden.

In Beeten, die mit Brettern eingefaßt sind, kann man die Zwiebeln auf Bodenhöhe pflanzen und mit 10 bis 12,5 cm Erde abdecken, die von den Brettern gehalten wird. Ansonsten zieht man mit dem Spaten eine Furche und pflanzt wie gewohnt. Am besten legt man die Reihen in Nord-Süd-Richtung an und läßt genügend Reihenabstand zum Gehen. An ungeschützten Stellen kann man vor der Blütezeit einen Windschutz errichten. Beachten Sie jedoch die Wettbewerbsregeln, falls die Tulpen für eine Ausstellung gedacht sind.

Bei warmem, trockenem Wetter muß man eventuell wässern und benötigt manchmal erhebliche Wassermengen. Unter besonderen Umständen entschließt sich der Tulpenliebhaber sogar zu einer Bewässerungsanlage.

Falls die Blüten unter Glas oder Kunststoff stehen, sollte man sie nicht abdecken, bevor die Blüten Farbe zeigen. Beachten Sie auch hier wieder die Wettbewerbsregeln! Eine solche Abdeckung läßt die Pflanzen hochgezogen wirken und kann die Trockenheit der Beete erhöhen.

Zwiebeln für die Zimmerkultur

Vor 50 Jahren zog man unzählige Tulpen in Gewächshäusern, und zwar nicht nur als Schnittblumen, sondern auch als Topfpflanzen fürs Haus. Daß dies heute nicht mehr so beliebt ist, mag teils an den Schwierigkeiten der Pflege liegen oder auch an der beschränkten Zahl von Sorten, die sich zur Treiberei eignen. Zudem ist die Treibhauskultur kostspielig, da einmal im Treibhaus gezogene Zwiebeln praktisch wertlos sind. Außerdem können Gärtner mittlerweile sehr frühe botanische Tulpen ziehen, die man ins Haus bringen kann, ohne sie ab Februar im Treibhaus ziehen zu müssen. Wie ich gehört habe, sind Treibhaustulpen als Topfpflanzen im Handel erhältlich, die man nur mit nach Hause zu nehmen und zu genießen braucht.

Füllen Sie eine flache Schale zur Hälfte mit Erde.

Legen Sie die Tulpenzwiebeln mit der flachen Seite zum Rand und mit der Spitze nach oben in die Schale.

Die Liste der Tulpen (S. 114), die sich zur Treiberei eignen, ist nicht erschöpfend, enthält aber die am leichtesten erhältlichen Sorten. Die meisten Tulpen lassen sich gar nicht im Treibhaus ziehen; von den geeigneten Sorten können einige mehr Wärme vertragen als andere. Ich habe sie in fünf Gruppen eingeteilt, von denen sich nur die erste zur Dezembertreiberei eignet.

Zunächst muß man die Zwiebeln in Schalen mit Drainage und guter Pflanzerde setzen. Die meisten Fachleute empfehlen 12 bis 15 cm-Töpfe, die drei bis fünf bzw. sechs bis acht Zwiebeln fassen; dazu zeigen sie eine Abbildung mit 10 großen Tulpenzwiebeln in einer Schale von 23 bis 25 cm Durchmesser. Ich dagegen schlage folgendes vor: Sie versuchen es mit Töpfen verschiedener Größe und beachten, daß die Zwiebeln Größe 12 haben und sich nicht berühren. Das Pflanzen sollte früher als im Freiland stattfinden, vielleicht im September oder sogar schon im August. Die Zwiebeln müssen fest eingepflanzt werden, und die Spitze soll eben über die Erde hinausragen. Wässern Sie den Topf gründlich.

Bedecken Sie sie mit Erde, bis nur noch die Spitzen zu sehen sind.

Ideal ist es, den Topf nun 10 bis 16 Wochen bei etwa 5 °C in einen Kühlschrank zu stellen, ihn anschließend an einem warmen Ort zu plazieren und auf die Blüten zu warten. Alternativ bietet sich eine Lagerung über drei Monate im Tiefbeet an. An einer kühlen, schattigen Stelle im Garten hebt man die Erde 15 cm und mehr aus, stellt die Töpfe in die Grube und deckt sie 7,5 bis 10 cm hoch mit Asche, Spänen oder Sand ab. Notfalls geht es auch mit Erde. Position und Inhalt jedes Topfes sind sorgfältig zu markieren, da man sie drei Wochen vor der Treiberei aus dem Tiefbeet holen und an einen mäßig warmen Ort stellen muß.

Während des Wachstums kann man die Temperatur erhöhen. Am einfachsten ist das in einem Treibhaus oder auch in einem hellen Schuppen. Tulpen lassen sich auch in Schalen mit Mull ohne Drainage ziehen; die Anzucht muß jedoch auch hier im Freien an einer regengeschützten Stelle erfolgen, weil die Schalen sonst Staunässe entwickeln.

ZUR TREIBEREI GEEIGNETE TULPEN

ZUR TREIBEREI ENDE DEZEMBER

»Brilliant Star« *mit den Spielarten »Joffre«* (EFA) *und »Brilliant Star Maxima«*
»Christmas Marvel« (EFA) *mit den Spielarten »Christmas Carol«, »Christmas Dream« und »Merry Christmas«*
»Christmas Gold« (EFA)

ZUR TREIBEREI MITTE JANUAR

»Scarlet Cardinal«
»Diana«
»Early Light« (EFA)
»Sulphur Cloud« (EFA)
»Van der Neer«
»Orange Wonder« *mit der Spielart »High Society«*

ZUR TREIBEREI ENDE JANUAR

»Apricot Beauty« (EFA) *mit den Spielarten »Bestseller«, »Jenny« und »Beauty Queen«*
»Blizzard«
»Bellona«
»Doctor Plesman«
»Couleur Cardinal«
»Prinz von Österreich« *mit den Spielarten »Prinz Karneval« und »Genral de Wet«*
»Paul Richter«
»Bing Crosby«
»Topscore« (EFA)

ZUR TREIBEREI MITTE FEBRUAR

»Cassini«
»Kees Nelis«
»Valentine«
»Stockholm« (EFA)
»Monte Carlo«
»Murillo« *mit den Spielarten »Peach Blossom«, »Orange Nassau«, »Garanza«, »Rheingold« und 97 weiteren.*

ZUR TREIBEREI ENDE FEBRUAR

»Princess Irene«
»Golden Show« (duftend)
»William Copland« *mit den Spielarten »Rose Copland«, »Copland's Purple« und acht weiteren*

EFA = Early Forcing Award, Haarlem
(Für die südliche Halbkugel bitte sechs Monate hinzurechnen)

Gut wässern und an einen kühlen, dunklen Ort stellen, bis die Triebe 2,5 bis 5 cm hoch sind.

An einem hellen Standort werden die Blätter grün.

Blühende Treibhaustulpen.

Ich habe sogar schon Tulpen nur auf Wasser in einem Plastikbehälter gezogen, der wohl für Hyazinthen gedacht war. Mittlerweile bevorzuge ich die Alternative, Wildtulpen in Pflanzkörben aus Plastik zu ziehen, die bequem 10 Zwiebeln Platz bieten und inzwischen von vielen Händlern angeboten werden. Man bepflanzt sie wie gewohnt im Oktober, und sie brauchen ein wesentlich flacheres Tiefbeet.

Sobald die erste Knospe einen Hauch Farbe zeigt, holt man den Topf aus der Erde, bringt ihn ins Haus und stellt ihn auf einen großen Untersetzer.

Jeder Topf mit zehn Tulpen blüht etwa sieben bis zehn Tage. Bevor sie welken, ist der nächste Topf bereits soweit, um ihn ins Haus zu holen.

Pflanzkörbe aus Plastik.

WACHSTUM UND BLÜTENPRACHT

Sind die Zwiebeln einmal gepflanzt, idealerweise Ende November, dann gibt es einige Wochen wenig zu tun. In milden Wintern zeigen sich die ersten Keimblätter schon kurz nach Mitte Januar. Hackt man zu Anfang des Jahres den Boden gründlich, kann man so vermeiden, daß allzuviel Unkraut wächst und daß man die keimenden Pflänzchen abschneidet. Sobald sich die Blätter zeigen, sollte man auf Blattläuse und Pilzbefall achten. Angaben zur Verwendung von Pestiziden finden sich in Kapitel 13. Wenn die verschiedenen Tulpensorten blühen, sollte man Fotos und Notizen machen, um im nächsten Jahr Änderungen und Ergänzungen vornehmen zu können. Auch aus der Art geschlagene Pflanzen und Rembrandt-Tulpen sollte man markieren. Manchmal können Tulpenzwiebeln beim Verkauf von einer Kiste in eine andere gelangen; gelegentlich geraten verschiedene Sorten durcheinander. Wenn dies geschieht, kann man die Pflanze am Stengel unter dem obersten Blatt mit einem farbigen Faden markieren.

Rembrandt-Tulpen oder Sorten, bei denen die Farbe durch einen Virus gebrochen ist, sind ein wesentlich größeres Problem. Blattläuse sind die Überträger dieses Virus, der sich rasch ausbreitet, wenn man ihn nicht bekämpft. Sobald die Blüte zu welken beginnt, muß man sie abschneiden. Bilden sich erst einmal Samen, dann rauben sie den Zwiebeln alle Kraft; daher sollte man den Stengel unterhalb der Blüte abschneiden oder abbrechen. Diese Blüten muß man mitsamt der Blätter verbrennen und darf sie auf keinen Fall kompostieren.

Abbrechen einer Blüte mit dem Daumennagel.

ERNTE DER TULPENZWIEBELN

Ein genaues Datum, wann man die Tulpenzwiebeln aus dem Boden holen sollte, läßt sich nicht angeben; meist liegt der Zeitpunkt gegen Ende des Frühjahrs. Bei manchen Sorten welken die Blätter schneller als bei anderen, und auch das Wetter spielt eine Rolle. Die neuen Zwiebeln nähren sich von der Lichteinwirkung auf die Blätter und den Blütenstengel; daher ist es nicht ratsam, sie allzu früh auszugraben. Tut man es jedoch zu spät, dann lösen sich die welken Blätter vom Stengel und wehen schon bei der geringsten Brise davon. Die ideale Zeit, um Zwiebeln aus dem Boden zu holen, variiert von Jahr zu Jahr und läßt sich durch Beobachtung feststellen, sobald man etwas Erfahrung gesammelt

Tulpen unmittelbar vor der Abnahme der Blüten.

Tulpen, deren Blütenköpfe entfernt wurden.

hat. Wichtig ist, daß man die aus der Art geschlagenen Pflanzen, Spielarten oder Rembrandt-Tulpen aus dem Boden nimmt, ehe sich der markierte Stengel von den Zwiebeln löst. Alle Blätter müssen ausnahmslos verbrannt werden, sonst kann Tulpenfeuer die Ernte des Folgejahres vernichten.

Wenn man die Tulpen aus dem Boden holt, kann man sich überlegen, ob man die Beete, auf denen sie standen, mit Sommerblumen bepflanzt. Ideal für Tulpenbeete finde ich Dahlien.

In trockenen Jahren oder wenn die Zwiebel zu flach gepflanzt wurde, bildet sich ein Ausläufer aus der Zwiebel, der nach unten wächst und am Ende eine Zwiebel ausbildet. Diese Erdsprossen unterscheiden sich in nichts von anderen Zwiebeln, können aber versehentlich im Boden bleiben und im nächsten Jahr Mißbildungen hervorbringen, wenn man die Zwiebeln nicht sorgfältig aus dem Boden nimmt.

LAGERUNG

Nachdem die Tulpenzwiebeln aus dem Boden geholt sind, sollte man sie etikettieren und trocknen. Während der Trockenzeit brauchen sie ebenso wie während der gesamten Lagerung einen gut belüfteten, nicht zu warmen Ort, an dem es keine Mäuse oder sonstigen Schädlinge gibt. Lagern die Zwiebeln ohne angemessene Belüftung zu warm, können sie in eine Art harten Gelee übergehen und sind dann unwiderbringlich zerstört. Ich packe die trockenen Zwiebeln, gruppenweise in Papiertüten sortiert, in Pappschachteln und stelle sie auf den Speicher. Jeder mäusefreie, gut belüftete Ort eignet sich ebenso. Die meisten Blumenzwiebeln, die man im Versandhandel bestellt, werden in Papiertüten geliefert, da die Zwiebeln in ihnen atmen können. Man sollte nie Plastikverpackungen verwenden!

Erdsprossen

Zwiebelzucht

Holt man eine normal kräftige Tulpenzwiebel aus dem Boden, dann hat sie ein oder zwei Ersatzzwiebeln gebildet, die im nächsten Jahr blühfähig sind, sowie eine wechselnde Anzahl kleinerer Zwiebeln, die Brutzwiebeln. Sie sind unterschiedlich groß und reichen von einer fast blühfähigen Größe bis zu winzigen Knöllchen, die kleiner sind als Erbsen. Ich setze meine in den Gemüsegarten. Dazu ziehe ich eine lange Furche von 20 cm Breite und 7,5 cm Tiefe und pflanze die Brutzwiebeln gruppenweise, nach Sorten markiert. Wenn man sie nach 18 Monaten aus dem Boden holt, dürften einige bereits eine blühfähige Größe erreicht haben; die anderen kann man mit den neuen Brutzwiebeln wieder einpflanzen. Die robusteren Sorten kann man drei Jahre lang im Boden lassen, wo sie hervorragende Schnittblumen liefern.

»Orange Emperor« und »Toronto«.

KRANKHEITEN UND SCHÄDLINGE

Wie alle anderen Pflanzen sind auch Tulpen Krankheiten ausgesetzt. Dank regelmäßiger Kontrollen sind Tulpenzwiebeln, die der Handel anbietet, in der Regel gesund. Dennoch sollte man auf gewisse Krankheiten achten.

TULPENFEUER

Beim Tulpenfeuer oder Grauschimmel handelt es sich um einen Pilzbefall, den *Botrytis tulipae*. Für den Namen Tulpenfeuer gibt es zwei Erklärungen: Zum einen breitet sich die Krankheit so rasch aus, daß sie an Steppenbrände erinnert; zum anderen sehen die befallenen Blätter manchmal aus wie verbrannt. Traditionell stellte das Tulpenfeuer für die Züchter das größte Problem dar, was sich mit der Entwicklung und Produktion systemischer Fungizide allerdings erheblich geändert hat. Früher hieß es, man solle Tulpen wegen der Pilzdauerkörper im Boden nie jedes Jahr in dieselbe Erde pflanzen. Ich pflanze mittlerweile 44 Jahre lang Tulpen in dieselbe Erde, ohne je ernsthafte Schwierigkeiten zu haben, weil ich systemische Fungizide verwende.

Tulpe mit Tulpenfeuerbefall.

Feststellen läßt sich Tulpenfeuer erstmals, wenn die Pflanzen aus der Erde kommen, und zwar an mißgebildeten Blättern und Trieben. Die Blätter sind an den Spitzen gelb oder schrumpelig und haben Flecken an den Rändern. Verkrüppelte Triebe welken, entwickeln sich nicht weiter und sind unter feuchten Bedingungen bald völlig von grauen Pilzsporen übersät. In schweren Fällen bilden sich große graue oder verdorrte Stellen, ebenfalls mit Sporen bedeckt, die die Infektion auf den Blütenstengel übertragen; in extremen Fällen können die Stengel so geschwächt sein, daß die Blüten abknicken. Auf den Blütenblättern bilden sich Flecken, meist dunkle Flecken auf hellen Blüten, und bei feuchter Witterung welken die Blüten rasch.

Ein abgeknickter Stengel.

Am häufigsten befällt Tulpenfeuer die Tulpen, wenn das Wetter während ihrer Entwicklungszeit warm und feucht ist. Bis zu einem gewissen Grad läßt sich der Befall eindämmen, indem man die erkrankten Blätter und Blütenblätter beseitigt. Sobald jedoch solche Symptome auftreten, sollte man die Pflanzen gründlich mit einem systemischen Fungizid spritzen. Wenn das ohne Erfolg bleibt, dann reißen Sie die Pflanzen aus, und verbrennen Sie sie; denn an erkranktem Gewebe und an den Zwiebeln bilden sich in großen Mengen Pilzdauerkörper (Sklerotien), die stecknadelkopfgroß und schwarz sind und im Boden über mehrere Jahre lebensfähig bleiben. Daher sollte man alle befallenen Blätter und verkrüppelten Pflanzen bei den ersten Symptomen entfernen und verbrennen. Die Sklerotien sind an den Zwiebeln zu sehen, wenn man sie aus dem Boden holt. Gesunde Zwiebeln sollte man in eine Fungizidlösung tauchen. Diese Maßnahme vor dem Pflanzen der Zwiebeln dürfte Problemen im nächsten Jahr vorbeugen. Alles welke Laub sollte sofort beseitigt und verbrannt werden.

GRAUE ZWIEBELFÄULE

Die Pilzerkrankung *Sclerotium tuliparum* greift die Zwiebeln im Boden an und läßt sie meist gar nicht erst keimen. Erste Anzeichen für einen Befall sind daher oft Lücken im Beet. Wenn eine befallene Zwiebel einen Trieb hervorbringt, ist er verkrüppelt, welkt bald und geht ein, ohne zu blühen. Erkranktes Gewebe bringt keine Sporen hervor.

Der Pilz befällt die Zwiebel an der Spitze und bewirkt eine trockene, graue Fäule der Schuppen, die bald zum Verfall der meisten Zwiebeln mit Ausnahme des Zwiebelbodens und der Wurzeln führt. Die Schuppen bleiben fest. Zwischen ihnen und an der Außenhülle der Zwiebel bildet sich eine wollige Masse weißlichen Pilzbewuchses, in dem sich zahlreiche Sklerotien entwikkeln. Anfangs sind sie weich und weiß, später dunkelbraun und schließlich schwarz und hart. Die Sklerotien sind rund oder abgeflacht und etwa 0,5 cm groß; sie kontaminieren den Boden und bleiben drei oder vier Jahre lebensfähig.

Wenn man eine Lücke in seinem Beet entdeckt, die nicht anders zu erklären ist, sollte man die fehlenden Zwiebeln ausgraben und alle verrotteten Zwiebeln oder deren Überreste auf Sklerotien untersuchen, um den Verdacht auf Pilzbefall zu erhärten. An befallenen Zwiebeln bleibt die Erde leicht haften, vor allem an den Spitzen. Sind nur einige wenige Pflanzen befallen, dann verbrennt man sie mit dem Boden, der sie umgeben hat. Das systemische Fungizid, das gegen Tulpenfeuer hilft, wirkt auch gegen *Sclerotium tuliparum*, wenn man die Zwiebeln vor dem Pflanzen in die Fungizidlösung taucht.

VIRUSERKRANKUNGEN

Es gibt einen Virus, Rembrandtvirus oder TBV (tulip breaking virus) genannt, der die Zwiebel befällt und Farbänderungen bewirkt. Er verwandelt die einfarbige Tulpenblüte in eine gefleckte, getuschte oder gestreifte; es scheint so, als sammele sich der Pflanzenfarbstoff Anthozyan, der bislang über das ganze Blütenblatt verteilt war, in bestimmten, begrenzten Bereichen und hinterlasse dazwischen den weißen oder gelben Grund, der nicht mehr vom Anthozyan modifziert wird. Diese farblich veränderten Tulpen nennt man »gebroken«, die ursprüngliche Form dagegen »breeder«. Die Farbveränderung tritt nicht gleichzeitig bei allen Zwiebeln einer bestimmten Gruppe oder Sorte auf, sondern anfangs vielleicht nur bei einer einzelnen oder zwei oder drei in einer großen Gruppe. Eine einmal »gebroken« Zwiebel bleibt dies jedoch und gibt die Veränderung an alle Brutzwiebeln weiter. Die unterschiedlichen Formen der farblichen Änderung sind auf Seite 42 ff. behandelt. Wenn die Zeichnung klar abgegrenzt ist, unterscheidet sie sich erheblich von der Tuschung einer Blüte, die sich manchmal über die gesamte Blüte erstrecken kann wie im Fall der Darwinhybride »Daydream«. Allerdings ist die Zeichnung nicht konstant. Sie variiert innerhalb einer Sorte von Pflanze zu Pflanze und bei einer Pflanze von Jahr zu Jahr. Im Vergleich zur ursprünglichen Breedertulpe ist die Färbung meist intensiver. Aus Pink wird Scharlachrot, aus mattem Schieferpurpur ein fast schwarzes Purpur. Der Blütengrund ist nicht betroffen.

Die Farbänderung beschränkt sich nicht auf die Blüte, sondern kann auch Stengel und Blätter in Mitleidenschaft ziehen. Oft sind

»Daydream« – eine natürliche Farbänderung.

unregelmäßige Farbänderungen am Stengel zu finden, und die Blätter wirken gesprenkelt. Da das Chlorophyll sich in unregelmäßigen Klümpchen oder Flecken sammelt, manchmal auch in klar abgegrenzten Streifen, ist es möglich, eine »gebroken« Tulpe schon zu erkennen, bevor sich die Blüte öffnet. Das ist allerdings nicht ganz zuverlässig.

Auch einfarbig gelbe oder weiße Tulpen können von diesem Virus befallen sein, obwohl sie den Farbstoff Anthozyan nicht enthalten. Daher ist der Befall auch nicht an der Blüte zu erkennen. Hier hofft der Gärtner, ihn an gesprenkelten Blättern oder Stengeln feststellen zu können. Ansonsten überträgt diese Sorte den Virus möglicherweise auf andere Tulpen.

Bei frühen Tulpen ist dieser Virus wesentlich seltener zu finden als bei den späten, vermutlich weil die Blattläuse, die ihn übertragen, im März und April weniger häufig sind als im Mai und Juni. Ich habe diese Farbänderungen nur bei der »Orange Emperor« und bei der Tubergenianatulpe »Keukenhof« festgestellt.

Blattläuse auf einem welkenden Blatt.

»Orange Emperor« und »Toronto«.

Ist eine Pflanze von diesem Virus befallen, reduzieren sich Größe der Blüte, Stengelhöhe und allgemeine Wuchskraft der Pflanze leicht, aber merklich. »Gebroken« Zwiebeln vermehren sich auch nicht mehr so leicht, so daß der Virus sich eindeutig auf die Lebenskraft der Pflanze auswirkt. Im 18. Jahrhundert schrieb D. H. Cause in seinem Tulpenbuch: »Die Erfahrung hat gezeigt, daß eine befallene Zwiebel eine schönere Blüte als zuvor hervorbringt und kurze Zeit später abstirbt, als habe sie ihre letzte Kraft aufgewandt, um dem Besitzer eine Freude zu machen.« Es heißt, die Schönheit solcher Blüten sei die Schönheit des Todes. Allerdings läßt sich beobachten, daß Sämlinge von »gebroken« Tulpen blühen, als stammten sie von gesunden Pflanzen.

Gartenbauspezialisten des 17. Jahrhunderts wußten noch nichts über Viruserkrankungen. Allerdings war ihnen bekannt, daß das Vorhandensein von Insekten auf den Pflanzen »gebroken« Tulpen hervorzubringen vermochte. Sie entdeckten auch, daß Läuse in Tulpenbeeten Farbänderungen bewirken konnten. Züchter von Breedertulpen, die speziell »gebroken« Tulpen züchten wollten, schufen sogar eine Umgebung, in der Blattläuse sich auf Tulpen vermehren konnten. Selbst heute noch gibt es eine Reihe Züchter von Breedertulpen und Gesellschaften, die ihr Wachstum fördern. Die meisten Gärtner und Zwiebelzüchter betrachten diesen Virus jedoch als Bedrohung, da er sich durch Insekten und vor allem Blattläuse rasch von einer Pflanze zur nächsten ausbreiten kann. Allen Züchtern sei daher empfohlen, bereits in einem sehr frühen Wachstumsstadium systemische Insektizide einzusetzen; wenn nötig, sollte man alle sieben bis zehn Tage erneut spritzen, da sie kürzer wirksam bleiben als systemische Fungizide.

Blattläuse auf einer Tulpe.

SCHÄDLINGE

Im Boden greifen Schnecken fast alle Tulpen an, obwohl sie meiner Erfahrung nach bestimmte Sorten besonders mögen, vor allem Greigiitulpen, da Schnecken hier nicht nur an die Zwiebel, sondern auch an die Blätter gehen. Anscheinend greifen sie auch die gefüllten frühen Sorten stärker an als einige der späteren. Sollte es in Ihrem Garten viele Schnecken geben, dann verwenden Sie Schneckenköder oder Schneckenkugeln, vor allem in der Umgebung anfälliger Zwiebeln.

Mäuse und andere Nagetiere fressen gern gelagerte Tulpenzwiebeln, wenn sie nicht geschützt sind. Vor vielen Jahren lagerte ich einige Tulpen für längere Zeit im Schuppen. Nachdem plötzlich die Katze des Nachbarn gestorben war, was ich nicht bemerkt hatte, verlor ich mehrere wertvolle Zwiebelbestände. Eine große Ausnahme bildete »Inglescombe Yellow«, die die Mäuse nicht angerührt hatten; ob das reiner Zufall war, habe ich nie herausgefunden. Vermutlich würden auch andere Nager Schaden anrichten. Obwohl Hitze nicht unbedingt ein Schädling ist, habe ich bereits erwähnt, welch schädlichen Einfluß übermäßige Hitze ohne ungehinderten Luftaustausch auf eine Tulpenzwiebel haben kann: Sie kann das gesamte Zwiebelinnere in eine harte geleeartige Masse verwandeln.

BLUMENZWIEBELLIEFERANTEN
IN GROSSBRITANNIEN UND DEN NIEDERLANDEN

Frans Roozen B.V., Vogelenzangseweg 49, 2114 BB Vogelenzang, Niederlande.

Walter Blom & Sons Ltd., Coombelands Nurseries, Leavesden, Watford, Herts WD2 7BH, GB.

P. De Jager and Son Ltd., The Nurseries, Marden, Kent, TN12 9BP.

Van Tubergen, U. K. Ltd., Bressingham, Diss, Norfolk IP22 2AB, GB.

J. Parker Dutch Bulbs Co., 452 Chester Road, Old Trafford, Manchester M16 9HL, GB.

Jacques Amand Ltd., The Nurseries, Clamp Hill, Stanmore, Middlesex HA7 3JS, GB.

Broadleigh Gardens, Barr House, Bishops Hull, Taunton, Somerset, TA4 1AE, GB.

Jaqcues Bakker Holland, P. O. Box 111, Spalding, Lincolnshire PE12 6EL, GB.

Rupert Bowlby, Gatton, Reigate, Surrey RH2 0TA, GB.

Brian Duncan, »Knowehead«, 15 Ballynahatty Road, Omagh, Co. Tyrone, N-Ireland BT78 1PN.

Avon Bulbs, Upper Westwood, Bradford-Avon, Wiltshire BA15 2AT, GB.

Potterton & Martin, Cottage Nursery, Moortown Rd., Nettleton, Caistor, Lincs. LN7 6HX, GB.

Cambridge Bulbs, 40 Whittlesford Road, Newton, Cambridge CB2 5PH, GB.

W. E. TH Ingwersen Ltd., Birch Farm, Gravetye, Nr. East Grinstead, West Sussex RH19 4LE, GB.

Paradise Centre, Twinstead Road, Lamarsh, Bures, Suffolk CO8 5EX, GB.

Thompson & Morgan, London Road, Ipswich, Suffolk IP2 0BA, GB.

BLUMENZWIEBELLIEFERANTEN
IN DEUTSCHLAND

ALBRECHT HOCH, Blumenzwiebelspezialist, Potsdamer Str. 40, 14163 Berlin.

BAKKER, Postfach 1180, 22926 Ahrensburg.

DEHNER GMBH, Postfach 2, 86640 Rain am Lech.

GÄRTNER PÖTSCHKE, Postfach 2220, 41561 Kaarst.

HULSELOSCH & LAU, Kieler Str. 141, 25474 Bönningstedt/Hamburg.

KURT KERNSTEIN, Blumenzwiebel-Versand, 86316 Friedberg.

NEUDORFF GMBH, Postfach 1209, 31857 Emmerthal.

SAMEN-SCHMITZ, Humboldtstr. 2, 85609 Aschheim.

TREPPENS, SÄMEREIEN-BLUMENZWIEBELN, Berliner Str. 88, 14169 Berlin.

WILLEMSE, Bahnhofstr. 6–10, 47559 Kranenburg.

BIBLIOGRAPHIE

ARDÈNE, LE PÈRE, *Traité des Tulipes Chambeau*, Avignon, 1765.

BAKER, ARTHUR, »Cult of the Tulip in Turkey«, in: Journal RHS, 1931.

BECKMAN, J., *Beiträge zur Geschichte der Erfindungen*, 5 Bände, Leipzig 1782–1805.

BLUNT, WILFRED, *Tulipomania*, Penguin, London, 1950.

BLUNT, WILFRED, *Tulips and Tulipomania*, Basilisk Press, London, 1977 (Reprint von 1977 mit neuen Illustrationen).

BOTSCHANTZEVA, Z. P., *Tulips*, (a.d. Holländischen v. H. Q. Varekamp), Balkema, Rotterdam, 1982.

BOWLES, E. A., *My Favourite Tulips*, Daffodil & Tulip Yearbook, RHS, 1946.

CALVERT, H. V., *Florists' Tulips & the Wakefield & North of England Tulip Society*, Daffodil & Tulip Yearbook, RHS, 1970.

CLUSIUS, C., *A Treatise on Tulips*, Neuauflage, Hg. W. van Dijk, Haarlem, 1951.

DARLINGTON, C. D. und WYLIE, A. P., *Chromosome Atlas of Flowering Plants*, London, 1955.

DIX, J. F. CH., *Modern Tulip Developments*, Daffodil & Tulip Yearbook, RHS, 1946.

DIX, J. F. CH., *Tulipa Fosteriana & its Hybrids*, Daffodil & Tulip Yearbook, RHS, 1951.

DIX, J. F. C., *De Veredeling van Tulpen*, Koninklijke Algemeene Vereeniging voor Bloembollencultuur (K. A. V. B.), Hillegom, 1974.

DYKES, W. R., *Some Wild Species of Tulip*, Journal RHS, 1925.

DYKES, W. R., *Notes on Tulip Species*, London, 1930.

FRIJLINK, A., *The Tulip, I. Its Early History, II. The Development of the Modern Tulip*, in: Garden Journal, New York Botanical Garden, 1954.

GRUNERT, C., *Das Blumenzwiebelbuch*, Stuttgart, o. J.

HAKLUYT, Richard, *Principal Navigations*, (Neuauflage 1904), Glasgow, 1589.

HALL, A. D., *The Book of the Tulip*, London, 1929.

HALL, A. D., *Species of Tulipa for the Garden*, Journal RHS, 1935.

HALL, A. D., *The Genus Tulipa*, RHS, London, 1940.

Handbook on Bulbs, Brooklyn Botanical Garden, 1959.

HOOG, M. H., *De Oorsprong van de Tulipa*, K. A. V. B., Hillegom, 1974.

HOOG, M. H., *De wilde Tulpen van Europa*, in: Bloembollencultuur 86/36, 1976.

HORST, ARENDT VAN DER und BADER, JAN, *Die Tulpe, ein Symbol von Sonne und Frühling*, (Aus dem Holländischen) Erlangen, 1996.

INGWERSEN, W., *Using Bulbs in the Rock Garden*, Gardens & Gardening, 1951.

JACOB, REV. J., *Tulips*, London & Edinburg, 1912.

KADEN, V., *The Illustration of Plants and Gardens*, Victoria & Albert Museum, London, 1982.

KRELAGE, E. H., *Bloemenspeculatie in Nederland*, Amsterdam, 1942.

KRELAGE, E. H., *Drie Eluwen Bloembollenexport*, Den Haag, 1946.

KRELAGE, E. H., *Historical Tulip in Literature*, Daffodil & Tulip Yearbook, RHS, 1951.

LODEWIJK, T., *The Book of Tulips*, London, 1978.

MALO, C., *Histoire des Tulips*, Paris, um 1830.

MARAIS, W., *Notes on Tulipa*, Kew Bulletin, London, 1980.

MONSTEREUL, LA CHESNÉE, *Le Floriste François*, Caen, 1654.

MURRAY, W. S., *Tulips and Tulipomania*, Journal RHS, 1909.

NEWTON, W. C. F., *Chromosome studies in Tulipa*, J. Linn Soc. Bot., 1927.

PARKINSON, JOHN, *Paradisi in Sole Paradisus Terrestris*, London, 1629.

Report of the Tulip Nomenclature Committee of the RHS, 1917.

RICHERT, A., *Le Jardin de Tulipes*, Neuilly-sur-Seine, 1980.

SELDEN, M. M., *Ups and Downs of Tulip Bulbs*, Nation, Washington, 1942.

SLOGTEREN, E. VAN, *The Preparing of Tulips for Early Forcing*, Daffodil & Tulip Yearbook, RHS, 1947.

SLOGTEREN, D. H. VAN und ASJES, C. J., *Virus Deseases in Tulips*, Daffodil & Tulip Yearbook, RHS, 1970.

SOLMS-LAUBACH, H. GRAF ZU, *Weizen und Tulpe*, Leipzig, 1899.

SOUTHERN, D. I., *Species Relationships in the Genus Tulipa*, Berlin, 1967.

STAFLEU, F. A., *The Tulip and the Netherlands*, Garden J. N. Y. Bot. Garden, 1963.

STORK, A. L., *Tulips Botaniques*, Rev. Hort. Suisse, 1979.

STORK, A. L., *Tulipes Sarmarkand etc.*, Rev. Hort. Suisse, 1983.

STORK, A. L., *Tulipes Sauvages et Cultivées*, Genf, 1984.

STOUT, A. B., *Tulip Droppers*, J. Int. Gard. Club, New York, 1919.

SWEET, R., *The Florist's Guide*, London, 1829–32.

VVEDENSKII, A. I., *Key to the Tulips of the USSR*, Daffodil & Tulip Yearbook RHS, 1949.

VVEDENSKII, A. I., *Tulipa L. in Flora of the USSR*, Jerusalem, 1968

WENDELBO, P., *Tulips and Irises of Iran*, Teheran, 1977.

WRIGHT, M., *A Garden of Ten Million Bulbs*, Gard. J. New York Bot. Garden, 1957.

ZAITSEVA, E. N., *Tyul'pany* (Tulpen), Moskau, 1958.

REGISTER

Kursiv gedruckte Seitenzahlen verweisen auf Abbildungen.